U0016542

越疊越成材

積木專家毛毛老師教孩子
堆出思考力、玩出好態度

毛毛老師
（尤信勝）——著

來自家長的分享與交流

Parents Recommend

積木是我兒子的玩伴，更是一生的摯友！

　　我兒子從2歲開始玩積木到現在已經11年了，從大顆的積木玩到寫電腦程式，進而參加WRO積木機器人比賽。積木對他而言，是很重要的玩伴及一生的摯友。為了參加WRO積木機器人比賽，從集訓開始，每次團隊練習，都在讓孩子學習如何與隊友們合作相處，當意見不同時，該如何溝通協調及尊重他人。而每一次機器人任務失敗，更需要孩子運用邏輯思考及判斷力修改程式及結構，不氣餒的一改再改，直到任務圓滿達成。這些面對失敗挫折、承受壓力的態度，是將來立足社會所需，也是我們做父母所關心的。

蘇姿文

讓孩子熱愛專注一件事，未來便有無限可能！

　　孩子從學齡前開始玩積木已有10年之久，小小的夢想與創意，透過那雙小手推砌成真、得到滿足，再將夢想打碎（拆解），又是一種心理的挑戰（學習分享、不占有）。接著到中年級開始學寫程式，亦是細膩思考及專注力的養成，我從這個過程中看到孩子熱愛一件事的專注神情，讓我相信孩子以後的無限可能！每場競賽有輸、有贏、有歡笑、有淚水，還有孩子與隊友之間相處的革命情感，更有容許自己跌倒再爬起的勇氣（自我提升），讓我們收穫滿滿！正如毛毛老師所叮嚀的：「謙虛、觀察、努力學習」才能走得遠、走得穩，很感謝毛毛老師讓孩子的童年因此多采多姿！

程宥溱

一堂以為只是玩玩的積木課，竟然可以學到這麼多！

每週積木課來回往返將近三個小時，常讓我累得想打退堂鼓，但看在孩子有興趣的份上，便決定咬牙撐下去，好在值得欣慰的是，幾年下來，孩子從原本的內向、害羞，變得有自信，說話、做事也更有條有理，整個人懂事不少。小學四年級那一年，第一次參加比賽就一舉得到北區第一名，雖然在接下來的全國競賽中不幸落敗，但他不但沒有灰心，還越挫越勇，報名參加了毛毛老師的魔鬼訓練營，每天早出晚歸，非常辛苦，所幸隔年就獲得北區第一、全國第四的佳績，還代表台灣去日本參加比賽，因此有機會與各國頂尖選手同場競技，開拓了他的視野。

隨著年齡增長，積木課程變得十分困難，孩子在毛毛老師的鼓勵下，不但沒有放棄，反而樂於接受挑戰，非常感謝毛毛老師用啟發式的教學，不斷鼓勵孩子發揮想像力和創造力來解決問題，他不希望孩子在面對問題時，只是等著老師提供答案；而希望孩子不斷嘗試，即使錯了也不要灰心，堅持到最後一秒；他鼓勵孩子獨立思考，但要團隊合作，不可以有個人英雄主義……一堂原以為只是給孩子玩玩的創意課程，竟然可以學到這麼多，這是我們當初沒有想到的！

莊育驊

孩子的思慮純熟了，邏輯能力也變強了

　　我是一位教育工作者，在一位成績優異的學生文章中，認識了毛毛老師，文章中提到毛毛老師讓他獲益良多，因此我決定讓家裡調皮的兩兄弟也加入毛毛老師的積木課……在這二、三年的課程中，我看到孩子的轉變——因為設計並組裝機器人及學習用程式解決問題，孩子的思慮純熟了，邏輯能力也變強了；因為反覆嘗試錯誤，孩子的挫折容忍度提升了；因為需要和隊友合作解決問題，孩子的交際能力也變強了，真心謝謝毛毛老師！

王凌雯

過程中學習解決問題的能力

　　「態度決定一切」，我從孩子玩積木之後得到了驗證。原本被動、缺乏自信的兒子，接觸積木之後，變成積極迎向挑戰，並能主動思考解決問題的孩子。毛毛老師不僅教導關於積木的知識，更引導孩子們將想像藉由積木化為真實，並於過程中學習解決問題的能力，這也是孩子們最需要的能力之一。

張淑美

不同學校、不同年齡的孩子，也能互相鼓勵與幫助

對孩子們來說，毛毛老師是一位良師益友，他在授課過程中鼓勵孩子們多方面思考，不斷利用各種機會訓練他們表達自己的意見和看法，此外，毛毛老師提供很大的成長空間讓不同學校、不同年齡的孩子，在彼此競爭的環境下，也能互相鼓勵與幫助，每次比賽完，孩子們彼此之間都充滿革命情誼，也藉此給了他們良好的品格教育。很慶幸我替孩子做了這個正確的選擇──良師與正向的環境。

蔡佩真

小孩最期待的一堂課

我們從13年前認識毛毛老師，雖然一週只上一次課，卻是小孩最期待的一堂課。小孩從老師身上學會探索、思考、創意，希望毛毛老師能一直堅持下去，也希望有朝一日能帶孫子來玩！

張鳳珠

積木讓孩子學會面對挫折，再找下一條路

「魔鬼訓練天使心」是孩子們給毛毛老師的形容詞。

讓孩子打開積木世界大門，展開華麗的圓夢之旅，是家長們對毛毛老師敬佩的驚嘆號。

孩子總在競賽之中，才發現毛毛老師「要做就要做第一」的完美性格。

家長總在競賽之後，才體會到毛毛老師讓孩子們學習到未來面對自己的人生，除了保持赤子之心，還要有顆沉穩的心，遇到挫折不怕失敗，永遠幫自己找出下一條路，畢竟，競賽只是一時，人生才是永恆！感謝毛毛老師陪所有熱愛積木的孩子快樂長大。

韓香芸

教養，就從培養孩子「想的能力與對的態度」開始

Preface

我從沒想過，積木可以帶給我那麼豐富的人生！

從小沒拿過什麼獎狀的我，因為這個事業，得以長年帶著學生和孩子，在積木機器人國內外競賽中獲獎無數，也因此教室中擺滿了獎狀、獎盃與獎牌，這些榮耀對我這位教練和每一位愛將們而言，並不是拿來炫耀的戰利品，而是我們奮戰過程點點滴滴的甘苦與美好回憶，每一個獎項，都是教練和選手們，齊心協力用對的態度與堅持所掙來的。

從幼稚園就跟著我一起玩積木的學生瑄偉、品豪和鴻文三位小男生，轉眼間已即將成為大學生，看著瑄偉在電視專訪中說：「競賽很刺激、很緊張，但我們卻樂在其中。」品豪說：「我很喜歡動腦，用思考和程式克服機器人競賽時的問題，也讓我很有成就感，希望將來能繼續在大學裡選擇與程式設計有關的領域學習。」鴻文則明確表示大學想進入機械系。聽到自己從小教到大的學生，有明確的方向，且用積極、正面的態度面對充滿壓力的環境，著實讓我非常感動和欣慰，也讓老師和家長們感到很放心。就如同品豪媽媽跟我分享的，品豪常將老師的叮嚀掛在嘴上，現在是好好放手欣賞他們展翅高飛的時刻！這不就是父母們最大的安慰嗎？

我從小就不斷地在玩積木與組裝模型，因而漸漸在製作軍事模型、汽機車模型以及組裝機械類積木模型的過程中，了解不少生活科技知識，也培養了用毅力和堅持完成作品的態度，與謹慎、細心完成作品的習慣，現在回頭看，這些態度和習慣，早已經很自然的用在生活中和職場上，也給自己在激烈的社會競爭中一個小小的立足之地，更幸運的是，還能以此嗜好和興趣當作職業。

　　每個人都可以從玩積木的過程中獲得很多啟發，並對生活科技有更多的認識，而孩子在這多元的觸動下，也漸漸對未來的目標有了方向。不論孩子們未來想「設計機器人、玩機械、開發綠能產品、當建築師、當程式設計師、當室內設計師、開飛機、設計飛天車、設計創意商品」等，這些夢想的源頭，也許都來自於一個不起眼的小小積木。

　　別小看積木的神奇魔力，積木作品可以療癒人心，讓人發自內心會心一笑，並且對它所能表現出的創意巧思感到驚奇、驚嘆、溫馨與愛不釋手。組裝積木可以讓孩子動動腦、有創意，組裝積木機械作品或機器人，還能獲得更多基礎科學知識，這些好處也許你早已知道，也不是我在這本書裡最想強調的，我其實是想透過積木的操作與創作，讓家長能協助孩子獲得人生最重要的「想的能力與對的態度」。

多數家長在送孩子學習各種才藝時，便存有不少期盼，期望這些學習，能夠與校內科目、技術與技能相輔相成，甚至讓孩子在未來有好的發展，卻忽略了在專長、技能與學歷之外，是不是還有更重要、必須讓孩子即早養成和建立的習慣與觀念。

　　在令人震撼的北捷傷人事件中，我們才驚覺，不良的電玩、動漫情節，居然能對沉迷者產生那麼大的影響。生活中有太多刺激和誘惑不知不覺在牽引著孩子，讓孩子失去應有的「創造力、發想力、抗壓性及挑戰力」這些成長中必須蓄積的正向能量。

　　我相信多數家長，都認同孩子必須從小建立良好的生活處事態度，但有多少家長願意花時間或金錢，投資在建立孩子「正確的態度」上，方法是什麼？常碎碎唸對孩子有效嗎？這通常是家長們常犯的毛病，身為一位父親，我當然也很難避免，但這樣耳提面命的叮嚀，不但沒有成效，反而會被孩子認為囉嗦。幸運的是，我從孩子從小接觸、操作積木或是組裝類益智玩具，與參加機器人競賽的過程中，感受到父母除了囉嗦以外，其實還有更好的方式。這也是我希望透過這本書，最想與大家分享的。

　　積木帶給我的，除了是一份熱愛的工作、一個小小立足社會的機會、第一次上電視、第一次接受專訪、第一次演講、第一個積木堆砌的商業專案、設計製作台灣第一支積木廣告片、當然還有第一次出書……更是一個多采多姿的人生，以及身為老師與父親，最想教給孩子的一切！

這本書希望能給每一位辛勤且用心教養孩子的偉大父母親，一些從積木操作中領悟到的教養經驗分享，也更想鼓勵年輕人要有想法，用毅力、決心、態度與堅持，給自己一個機會，嘗試走出一條屬於自己的路。15年的事業經營，由衷感激一路相挺的家長陪伴與認同，才能讓我有勇氣堅持這條路，推廣積木操作教育至今，幫孩子建立「觀念、態度與發想」。

　　最後，我想以這段話，和每一位讀者分享：「有想法，就能多一些機會走出自己的路；若沒想法，別忘了好態度還是能讓你在社會立足。玩積木不是小孩的專利，從開始動手的那一刻起就有收穫！非常感謝如何出版社每一位參與此書的人員，給我這個寶貴的機會，將我的理念傳遞出去！

Index 目次

家長推薦   **2**

作者序   教養，就從培養孩子「想的能力與對的態度」開始   **6**

Lesson1   創造力、毅力與成就感，從疊積木開始   **13**

Lesson2   玩具的選擇與認識教具   **23**

Lesson3   別錯過生活中的立體設計   **33**

Lesson4   玩積木讓孩子更會思考   **45**

Lesson5   照著範本組裝也有技巧   **55**

Lesson6   如何開始「玩積木」？   **61**

Lesson7   如何陪幼兒玩積木？   **75**

Lesson8   適合幼兒的情境式操作課程   **87**

Lesson9	從玩積木中發覺並善用孩子的先天優勢	103
Lesson10	透過玩積木調整孩子的個性與習慣	109
Lesson11	從積木操作過程觀察孩子的特質	115
Lesson12	積木動起來！孩子最好的科學老師	121
Lesson13	隨便疊不是創意！創造力來自觀察	141
Lesson14	打破「不會才要學」的迷思	149
Lesson15	進階挑戰：來做機器人！	165
Lesson16	態度、技術缺一不可：電子積木機器人競賽1	189
Lesson17	模仿也是一種學習：電子積木機器人競賽2	207
Lesson18	這樣帶孩子玩積木，孩子學更多	211

Lesson 1

創造力、毅力與成就感，
從疊積木開始

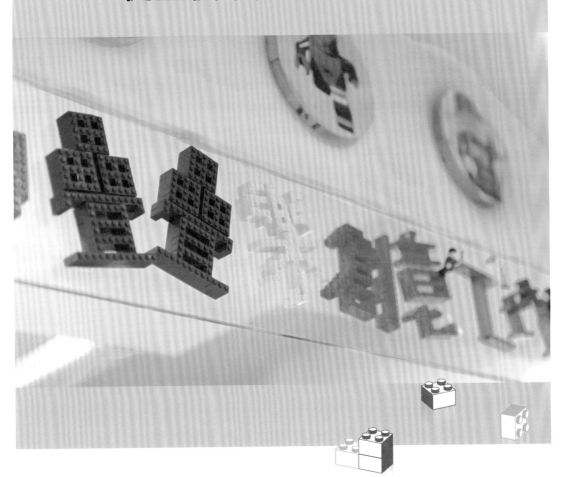

我從小就很喜歡玩積木以及製作模型，隨著年紀增長，課業逐漸繁重，直到踏入社會，過程中曾猶豫是否該漸漸割捨自己的最愛，但很慶幸在大學時期接觸了一份影響我非常深遠的工作，就是感覺統合課程的專任老師。這分工作讓我喜歡上和小朋友相處以及與家長溝通。後來和人合夥開設了兒童電腦教室，因為積木機器人需要使用電腦寫程式，便在此時開始接觸「積木機器人的教育產品」，當時對此感到又驚又喜，驚訝的是，發現積木在組裝完成後，居然還能用電腦來設計程式，讓它自行移動；喜的是，於公於私，我都可以名正言順的繼續玩積木。

　　由於在感覺統合課程的教學中累積了撰寫教案的經驗，以及從小對於積木組裝的狂熱所累積的創造力，之後我進入了世界知名積木品牌台灣總代理公司，負責開發設計課程，和教育訓練的工作。而後自己出來創業，從事「兒童積木操作教育的推廣」，至今即將邁入第15年！積木早已是我生活的動力與豐富人生的重要元素。

　　我現在除了是積木老師，也是一個勞心勞力的父親。積木成為我和孩子之間的橋樑，帶著孩子操作積木，讓我更了解他的優缺點，也讓我能及早協助他發展優勢，並透過積木讓他領悟自己的缺點，協助他調整和改善。

堆砌積木就是一種成就感

　　我一路看著一群從創業開始就跟著我玩積木的學生長大，他們從幼稚園持續到高中，長年熱衷於積木機器人競賽活動。令人

欣慰的是，這群孩子在操作積木和競賽的過程中，不但建立了立足社會應有的良好態度，我也在這些孩子身上，清楚看到了毅力、決心、思考、想法和創意。更重要的是，也是我特別想和家長們分享的，玩積木帶來的「成就感」。

玩積木可以獲得成就感，是因為作品的完成，必須依靠自己從零開始，將積木從顆粒堆砌成有模有樣的形體。平時，孩子必須遇到一些機會，像是參加競賽，或是被賦予特別的任務等，才有可能從結果獲得成就感，但事實上，要讓孩子獲得成就感，其實不一定要等待這樣的機會出現，當拿起積木堆砌時，為了完成作品而全心投入、持續堅持的過程，就是能獲得成就感。

不論是用積木製作一個小作品，或是完成一個巨大的創作，甚至是用積木機器人完成任務，都能獲得不同程度的成就感；無論是自己獨立完成，或是和合作夥伴共同完成的作品，獲得的成就感，都是我們努力的結果。我想透過這本書，讓大小朋友們，尤其是家長了解，不用非得期待學校老師分派自己的孩子參加競賽，或是賦予他什麼責任，只要孩子願意拿起積木堆砌與創作，就能在學習過程中有所收穫。

就以我的三個學生為例，分別是中正高中的陳鴻文、內湖高中的賴品豪、內湖高工的潘宣瑋，他們學習積木至少有10年以上的資歷，都是非常踏實優秀的孩子，所展現出來的成熟度和做事態度，更是當下年輕人或青少年少見的。這三個孩子一路從幼稚園或是國小接觸操作課程，到中、高年級開始接觸機器人競賽，參加賽事不計其數，並且在競賽歷練中早早就體悟出態度是

成功的基礎、謹慎是做事的原則、堅持不放棄是達成目標的不二法門，也讓他們在面對任何事情時，都會拿出最好的態度。

2007年世界大賽時，他們當時都是國小學生，分屬不同隊伍，分別拿下當年世界大賽的前三名。五年後，已是高中生的他們重新合體，在2012世界大賽中獲得高中組世界冠軍。這五年間，他們除了忙於課業外，每年也不間斷的參與積木機器人競賽，拿下了無數座獎盃，身為他們的指導教練，我相信他們在未來人生中，仍會秉持這樣的態度，繼續追求自己想要的成就感。

父母最想告訴孩子的事，都在積木裡

以我自己為例，如果沒有讓孩子操作積木，很多事情和道理，我必須等待生活中的適當機會，才能冒著讓孩子反感及感到囉嗦的風險，叮嚀他做事該有的基本態度；但是透過積木操作和競賽，我的孩子比別人多了很多機會建立正確的態度，而不是被動的等待機會教育。更重要的是，這樣的方式遠比我用說的來得事半功倍。

我的孩子也和多數孩子一樣，無論在課業或生活上，有時難免會因為迷糊誤事，但長久玩積木與參與競賽後，他自我反省的能力提升了，也較能夠客觀的檢討自己犯錯的原因為何。在他第一次和隊友拿下全國第二名、取得機器人世界賽的參賽資格後，他終於理解，能代表國家出賽的機會不是天上掉下來的，而是因為他和隊友沒有失誤、盡了全力、專注和投入的結果。

很多家長抱怨孩子做事總是漫不經心、迷迷糊糊，透過積木

操作和積木機器人競賽，孩子立刻就能直接感受到迷糊的後果，更能夠體會細膩和細心的收穫。

　　不少學生長期參加操作課程後，他們的父母也會和我分享孩子的改變，比如他們開始會在生活中留意一些身邊的事物。例如：去遊樂園玩遊樂設施，會跟父母分享某些設備運作的原理，因為上課有製作過；孩子回家也會想到問爸爸，家中的車子是兩輪傳動還是四輪傳動？並且知道四輪傳動的車子價格較昂貴，也比較耗油，連帶了解自己的變速腳踏車和汽車換檔有著相同的原理等。這些改變或許不會直接反映在學校的課業成績上，但若能因此建立孩子在生活中主動探索與求知的習慣，對於課業的學習必定也會有所幫助。

小小積木，大大滿足

　　小朋友其實很單純，很容易被滿足，通常，一杯飲料、一個玩具、一分小禮物，就能讓小朋友心滿意足！但如果他們仍然常常感到不滿足，很有可能是家長養成了他們「立即享受」或「有求必應」的壞習慣。若他們愛上從積木操作過程中獲致的滿足感和成就感，便會不斷努力追求自己想要的那種滿足感，在各方面的表現也會讓父母越來越放心。從小，我就會把握機會，在一年的幾個重要日子裡，向父母反映我想要的禮物就是「積木」，因為積木帶給我「成就感」和「滿足感」。

　　當我五歲時，得到了人生第一盒積木。當時憑著小朋友本能的「好奇心」和「敢嘗試」，有別於大人放不開的包袱，我先是

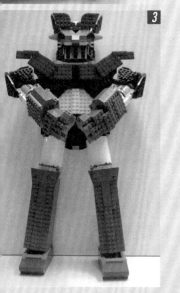

照著積木範例組裝完後，便將零件拆光光，開始做飛機、做車子、做房子……大家可能會想問：「為什麼會想做飛機、汽車和房子？」道理很簡單，要讓小朋友喜歡什麼並不困難，凡是生活中具有「酷」「炫」「強」「大」「威猛」「壯觀」「厲害」等特質的事物，都很容易打動小朋友，不然許多「六年級生」怎麼會到現在都還對「無敵鐵金剛」和「科學小飛俠」念念不忘呢！

毛毛老師的積木創作

　　以下是毛毛老師的無敵鐵金剛和鳳凰號作品：

　　1 用積木堆砌的靜態作品「科學小飛俠鳳凰號」

　　2 科學小飛俠鳳凰號的噴射推進器（此零件原用途是汽車車輪胎框）零件

　　3 用積木堆砌的無敵鐵金剛

　　4 無敵鐵金剛頭部的紅色指揮小艇特寫

　　所以，壯觀的房子、能跑的汽車、會飛的飛機，自然就成了當時小小年紀的我景仰的對象。當我發現這些東西都能用積木做出來，真的好滿足喔！

　　此外，模型製作也是我的最愛。我到小二、小

三愛上了擬真度相較於積木更上層樓的模型製作，它比積木組裝更有挑戰性。模型製作的基本追求境界，其實就是極度擬真，為了追求真實，組裝完立體塑膠零件後，上色與噴漆是絕對必要的程序。

毛毛老師的模型作品：

5 Harley-Davidson FLH1200 1/6警用機車。這是毛毛老師最愛的模型之一，製作時間為半年。

6 TAMIYA 1/35 HUMMER M242 BUSHMASTER軍用悍馬車。車體上色時特別突顯越野的粗獷感。

積木堆砌和模型製作的共同點是，都具有「零件分散」「從無到有」且都要「耐心並付出時間才會有成果」等特質。一盒中、大型的積木，一天組一些，通常要花個兩、三天才能完成作品，做完就可以拆掉重新創作！而我製作一台機車模型要花將近一個月的時間，做完了就「供奉」著，用目光膜拜！但積木比模型更適合陪伴孩子的原因在於其「可重複性」和「再創造性」。然而無論是哪一個，完成後的成就感和滿足感都是無法言喻的。

毛毛老師珍藏的經典積木作品：

7 2003年氣動挖土機，是當年非常搶手的商品。有兩支打氣筒和十支氣壓缸，可以了解空氣在機械上的應用，挖土機的引擎、施工的固定架、轉向系統、前後鏟土斗的運作都真實的透過積木呈現

出來，是當年積木迷必定收藏的產品。

8 2006年Technic型號8421大吊車，吊臂可以伸長到超過車身三倍長。八個車輪中有六輪具有轉向能力，目的是為了縮小迴轉半徑。腳架、引擎、轉向系統、吊臂都是可以活動的。

9 2007年積木公司推出的最大盒產品——星際大戰中的千年鷹號戰艦，一盒積木一共5174片，重量約10公斤，此為限量商品每盒都有一個序號，目前拍賣網站上最便宜的新品售價約台幣7萬，當年推出時約為美金500元。

毛毛老師疊疊樂創意工坊中所陳列的各類型積木創作：

10 210公分，180公斤巨型積木作品——商業專案：錠嵂保險經紀人公司吉祥物「台灣藍鵲」

11 機動戰士鋼彈

12 積木馬賽克

13 積木文具

14 **15** 大型家庭——商業專案：梁靜茹新歌發表會

16 百貨公司專櫃父親節廣告專案

17 積木人像創作——馬英九、林書豪、蔡英文

積木上的教養課：**毛毛老師這樣說**

　　在孩子拿起一顆顆積木零件開始堆砌時，也就開始累積了做人做事，以及將來立足社會所需的重要基礎態度；而當一顆顆積木變成一件具體的作品時，那分滿足感和成就感，更會留在小朋友的心中。

Lesson 2

玩具的選擇與認識教具

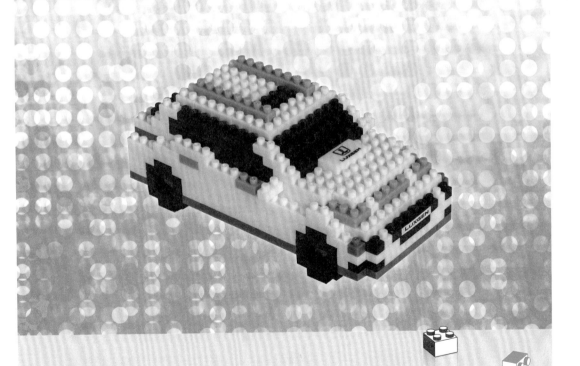

積木最大的優點，就是可以不斷的重覆創作和操作。知名積木品牌的價格和一般玩具比較起來雖然較昂貴，卻可以玩很久，物超所值。即使只是依照組裝說明圖，按部就班的完成外盒上的範例，也都必須具備「細心」和「持續力」，才能夠完成作品。

是孩子控制玩具，不是玩具控制孩子

但是在現代講求速成的環境中，孩子受到家長喜好的影響，養成已習慣享受直接或現成的物件，以及立即的刺激，比如很多小朋友喜歡玩現成的玩具汽車來滿足視覺需求，卻不見得喜歡自己組裝一台汽車來玩；他們想要立即擁有一台現成的玩具飛機，而不想自己花時間組裝。長此以往，會降低孩子與生俱來的探索本能，就連好奇心都會日漸消退，凡事仰賴速成，而不願付出心力換得成果，一旦在孩童期養成這樣的習慣，未來的學習也會深受影響。

孩子在出生後到大約四歲之前，幾乎是運用感官在探索、察覺和認識周遭環境，這是一種發自本能的學習和成長模式。給四歲前的小朋友玩積木時，感覺他好像沒疊出什麼，或是認為他在亂玩，其實在觸摸與觀察的過程中，孩子已經在吸收、進步與學習，並加深對積木的印象。這樣的探索過程很容易被大人直覺認為是在「亂疊積木」，卻忽略了他正在運用觸覺、視覺和聽覺來熟悉環境以及認識積木零件。若能適量增加學齡前孩童的感知活動量，能提升孩童對於環境的適應力；而在接收各種身體感知訊息後，表現出適切的反應，有助於孩子情緒的穩定、認知與學

習、人際關係的建立等。年紀越小的孩子越需要家長陪玩積木，因為堆疊積木需要倚賴生活中的視覺印象和經驗，甚至需要大人提供操作上的協助。四歲前的小朋友獨自玩積木時，家長其實不需要太在意孩子亂玩，而應該盡量陪他一起玩，從旁輔助，讓堆砌積木更具象化。本書後面的篇章將提供家長一些帶領學齡前小朋友共同操作積木的遊戲方式。

若你發現已經就學的孩子在玩積木時總是做不出什麼東西，有可能是因為孩子平時已經養成「速成獲得快感」的習慣，所以大人應該盡量少買不需要動腦的玩具，或是3C產品和電玩遊戲等給孩子，因為這類產品都是以刺激孩子的感官達到銷售目的為原則，很少讓孩子在使用過程中主動去思考、判斷、觀察、聯想、發想等，長久下來，孩子會傾向於只想獲得一時的快感，而漸漸失去努力完成一件事的耐心，也較難在從無到有的過程中付出。

玩具商為了要吸引孩子的目光，以及商業獲利上的考量，益智操作類玩具未必是他們開發與設計產品的首選，因為這類玩具通常可以使用較長的時間，相對拉長了消費的頻率，也就影響到廠商獲利。幫孩子選購玩具時，也不難發現，積木或益智類的玩具，占整個賣場的區域，不如一般時下流行的玩具來得大。但那些流行玩具對於小朋友來說，其功能僅止於享受被動的感官刺激，而非讓孩子在遊戲過程中主動發揮思考和想像能力。所以，下次帶孩子選購玩具時，別再讓孩子被玩具控制，而要讓孩子控制玩具、創造自己想要的玩具。

玩具與教具

　　什麼是教具？一台玩具車，如果在操作或組裝過程中，能夠讓人順便了解汽車運作的部分原理，就可以算是教具；一台電風扇，如果需要自己動手組裝，並且在組裝過程中，讓人理解為何扇葉不是平面，或是扇葉正轉和反轉的差異，它就是教具；玩一架組裝的手擲飛機時，如果有人在組裝過程中告訴你它之所以能夠飛行的設計原理，也是屬於教具；如果小朋友用積木疊出了都市的場景，有人從旁介紹高樓如何堆砌才堅固、應該如何製作樓梯、解說都市中不同場所的社會功能，這些組成都市場景的積木，也都屬於教具。

　　教具的「教」可以是文字的「教案」，也可以是師資、父母親、教具業務員、專精的玩家，以口述方式傳遞產品知識等。

　　以全球知名積木廠牌為例，它有玩具產品，也有教具產品，但消費者有時搞不太清楚兩者之間的差異。最簡單的區分方式就是，玩具積木對於完成品的外觀比較吹毛求疵，提供了不少修飾性的零件；而教具積木著重的是認識作品的內部構造與功能，因此，在零件設備上，玩具和教具大多是相同的東西，只有數量多少或是零件樣式上的些微差異，而這些因素基本上也不會太過影響作品的功能，因為總是有替代性的方案或做法。這種動腦筋想出替代性積木零件的用法，也是操作積木的一種樂趣。

如何選擇玩具？

　　「玩具」和「教具」的不同，或許也是刺激家長花錢意願的

商業行銷策略，但是家長們在選購積木玩具或積木教具時，不妨多從價格、品質、操作或教育知識說明、缺件補料方式、網路資源、甚至售後服務等層面評估。

以價格來說，知名品牌同款產品在世界各地的銷售價格會有不小的價差，因此選購高價積木教具時，如果花些時間，了解本地以及其他國家的售價，應該有機會以較親切的價格購入。

基於品質考量，不建議選擇太小的品牌，理由是製造積木的原料較沒有保障。尤其是很小的幼兒難免將積木放嘴裡，許多孩子也都有用牙齒拆解積木的經驗，品牌知名度較高的積木，使用的原料較有保障。其次，現場購買時如果可以要求店員讓孩子試裝或試拔，也能略為了解品質的優劣。太脆的材質容易產生裂痕，拆拔不易則有可能是品質的瑕疵所造成（當然也可能是孩子的小肌肉力量不足）。家長也可以自己嘗試拆拔零件，感受密合度是否適宜，以及同樣零件的品質是否穩定。

另外，積木教具除了積木零件外，如果內含豐富的操作或教育知識說明手冊會更好。越豐富與越清楚的手冊內容，相對的使用者的學習收穫也會越多。另外也可多留意一套教具中提供了多少組裝範例說明，能組裝的範例越多，當然越物超所值。

而零件的缺件補料，在購買前也應該詢問清楚。在孩童的長期使用下，零件一定會損壞或遺失，零件添補供應是否方便，也是選擇積木時要注意的。

「網路資源」指的則是，若該品牌在網路上資訊越多、相關作品或討論越豐富，就可以獲得更充分的資訊。

最後，現在有越來越多積木產品結合聲、光、馬達等電子零件，以增加組裝操作時的趣味性。積木機器人更有眾多電料零件，而且售價昂貴。因此，在選購時，對產品的售後服務內容與保固期限最好都先詢問清楚。

毛毛老師站在操作教育推廣的角度，建議多讓孩子從小手上拿個東西「操作」「組裝」「操作設計」「組裝創意」等，不一定要特定廠牌或產品才能達到這些功能。

讓幼稚園大班的小朋友手上握個螺絲起子，鎖起玩具上的小螺絲，就可以強化他們的手指小肌肉和手腕肌肉，並有助於提升寫字時握筆的力量和穩定性；拿個小鐵鎚敲打特定目標，可以提升小朋友手指的抓握能力；揮動鐵槌時，手臂肌肉會更有力量、手眼協調能力也會提升，這都是操作的好處。

無論使用哪種廠牌積木，最大的差異性還是在於「不同零件的設計特性」所造成執行者操作上的差異。例如：「壓」「插拔」「轉緊或扭開」「調整式的無段組裝」等不同的操作組合模式。無論哪一種，對於孩子的肌肉發展和協調性都有幫助。

1 一般的大基本顆粒積木。

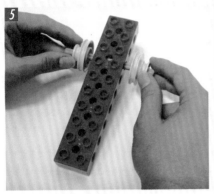

2 一般大基本顆粒用手指由下向上堆疊。

3 一般大基本顆粒用手指上下施壓。

4 插拔類的大型積木零件。

5 一手拿好零件,用另一手進行調整。

6 用雙手調整零件之間的鬆緊度(圖為幼兒用的電風扇積木作品)。

7 用工具組積木零件組裝的積木吊車。

8 用工具將零件鎖緊,操作時手必須抓握工具。

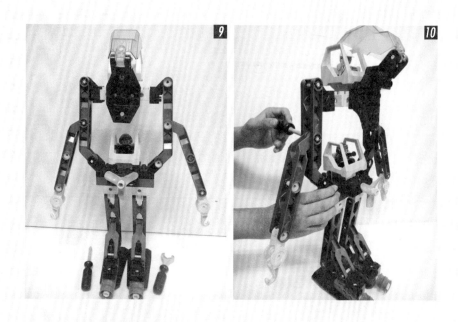

9 用工具組積木零件組裝的積木機器人。

10 所有的積木零件都必須用專用的工具鎖緊，小朋友必須做出抓握的動作。

　　另外，積木中的特殊零件也決定了學習者在操作過程中，可以獲得哪方面的相關知識。例如：太陽能板的操作積木、流體（空氣和水）運用的操作積木、可以撰寫程式驅動機械裝置的電子積木……無論哪一種，操作時對於孩子的頭腦發展和增進生活知識都有幫助。甚至，自己尋找素材，利用廢棄物組裝「一台車」「一台會在坡面滑動的車」「一台利用橡皮筋儲存能量的車」「一台可以被風力驅動的車」，都能從中獲得不同層級的知識和收穫。

積木上的教養課：**毛毛老師這樣說**

　　若你發現已經就學的孩子在玩積木時總是做不出什麼東西，有可能是因為孩子平時已經養成「速成獲得快感」的習慣，而使他對於需要自己堆砌的積木無法產生興趣！所以大人應該盡量少買不需要動腦的玩具，或是3C產品和電玩遊戲等給孩子，以免養成孩子「速成獲得快感」的習慣。

Lesson 3

別錯過生活中的立體設計

堆砌積木其實是在執行「立體組裝」，這件事情可區分成按組裝圖施工後，「完成產品原先設計出的作品」，或是「完成自己的堆砌設計」。而後者才是堆砌積木的進階學習。想要漸漸培養出用積木堆砌並設計作品的能力，可以從養成多看生活中各式各樣立體設計的習慣著手。

　　從自己設計、堆疊出令人讚賞的新作品，到疊什麼像什麼，剛開始並不是一件容易的事。就像學畫畫一樣，從畫一個只有線條的人，到畫平面的人，再進階到畫出一個立體的人，需要靠經驗的累積和摸索，還有腦海中源源不絕的影像資料庫才能完成。一個愛玩積木、愛疊東西的人，腦海中應該有很多影像，這些影像都來自於周遭環境和生活中留存在腦海裡的畫面。我們應該多運用視覺，吸收生活中各式各樣物件的立體畫面，包括物體的外貌、線條、配色、整體的視覺感……等，視覺吸收得越多，對於堆疊積木創作就越有幫助。

毛毛老師的積木創作

　　1 具科幻感的未來生化人打棒球。

　　2 投手、捕手和打擊手，以特殊的積木零件組裝而成，可以調整出各種人體動作。

　　3 毛毛老師幫客戶製作的雪人和Q版麋鹿。

　　4 雪人是毛毛老師最愛的作品之一，目前在美國客戶家中。

　　5 Q版的麋鹿穿著聖誕老公公的衣服。

　　6 幫百貨公司製作的一系列聖誕節慶積木裝置。

　　生活中很多產品，為了吸引消費者目光，除了特定功能外，
更會在外觀上費盡苦心。這些生活中精心設計的「立體產品」，
我們除了享受或使用它的功能，更可以好好觀察產品外觀，是最
好而且免費的視覺資料，除了平時可以多留意如造型電扇、造型

椅、造型燈飾等，在比較新潮的家具量販店中也都能看見不少新穎的設計。另外，汽機車展也是很不錯的觀察機會。這些視覺經驗越豐富，堆砌積木作品的掌握度也會越高，就不會太突兀，但「突兀」有時也不見得不好，這就是創作中有趣的彈性與發揮空間。

　　然而，用視覺掌握物件外貌固然重要，倘若對於物件內部的構造和原理也能有基礎的認識與了解，對積木的立體堆砌創作更有加分作用！靜態積木作品，以建築物來說，不僅僅外觀吸引人們的目光。我們更可以在其內部加以擺飾和設計，增加視覺上的附加價值。而動態的積木作品，如機器人，其內部零件的位置與樣貌也同樣能夠帶給人們不同的視覺享受。

　　7 冰淇淋店正面

　　8 火鍋店正面

　　9 **10** 冰淇淋店內部有可以結帳的收銀台，還有供顧客等候的長椅。

　　11 火鍋店頂樓還有空中露天花園座位。

　　12 火鍋店內部全貌

　　13 運動用品店

　　14 運動用品店內有球衣、球褲，也有運動器材。

15 16 速食店

17 速食店內部

　　製作模型也是一種可以更精準掌握對於汽車、飛機、機車、船艦等交通工具外觀的方式。因為模型幾乎都是真實物件的精緻擬真縮小版,當真實物體被完整縮小後,便很容易掌握局部線條在整體中呈現的特色與風格。我從小製作模型累積的經驗,的確對於積木創作有很大的幫助。

　　製作科幻機器人模型,或認識生活中的高科技軍事武器,通常能強烈感受到這些東西新穎的造型設計所帶來的震撼。F-16戰隼戰機自七〇年代至今,外型依舊亮眼;F-117夜鷹隱形戰機、F-22猛禽戰鬥機、F-35閃電攻擊戰鬥機可匿蹤的特殊外型,及F-14雄貓式戰鬥機的活動機翼設計,這些都是非常經典的設計,也都可在堆砌積木時派上用場。

　　在國家地理頻道和DISCOVERY的節目中,有非常多介紹軍事武器和知名汽車、工程設施、建築等,與設計、生產和科技生活應用層面相關的單元,常看這些節目,對於小朋友想要拿起積木開始創作,或鎖定創作方向後再

堆砌作品時需要的「風格建立、視覺印象」，都能夠給予很多協助。

能將一樣東西玩得好、玩得巧，除了前文所提，可以在生活中多觀察，養成多看立體造型的習慣外，另外尋求老師的指導也是一種方式。近幾年積木操作教室日漸普遍，雖然可以透過老師指導來學習，但家長還是必須了解每個孩子都擁有不同的先天優勢，對於有積木創作天分或較欠缺堆砌積木敏感度的孩子而言，在玩積木或跟著老師學習時的收穫與實質幫助，也會有所差異。接下來，毛毛老師以一些知名建築為例，這些建築外觀都有容易辨識的特徵，只要掌握這些立體視覺特徵，就可以用積木表現出來。家長可以帶領小朋友一起堆砌。

圖片提供／shutterstock

 巴黎鐵塔

18 19 決定四個基座的定位，要更擴散還是集中一點？這等於決定了鐵塔完成後的規模大小。

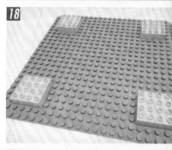
18

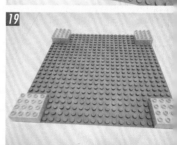
19

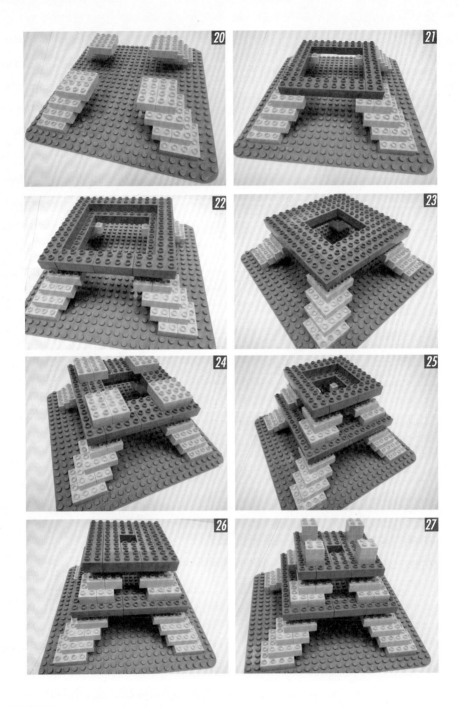

越疊越成材

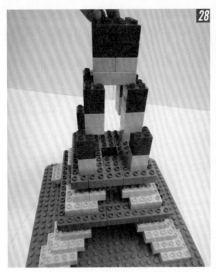 

　　20 **21** 觀察圖片後，可以看出每個基座都向內側傾斜；並用藍色積木另外做一圈，當作圖片中的觀景樓層。

　　22 在外面再堆一層藍色積木，可以增加突出的立體感。

　　23 內側增加一圈綠色積木，可使基座往上延伸時更穩固。

　　24 **25** 重複前面的步驟，繼續向上延伸第二段的基座，再加上藍色積木。

　　26 在內圈加上綠色積木，增加底面積。

　　27～**29** 分段向上延伸，圖中每一段都是四層（兩黃兩紅）。如果想要拉長或是減低塔的高度，可以增加或減少每段的積木數量。

 關渡大橋

30 ～ 33 先確定橋座的位置以及間距，橋座底部的面積可以較大些（如圖中黃色積木），再逐步使用紅色積木往上堆砌出支撐橋面的曲度。

34 ～ 37 固定橋座和橋面，再用小顆粒積木連接橋面（小顆粒積木可以和大顆粒積木一起使用），整座橋面便銜接完成。

38 39 強化橋側邊的紅色曲線，並將橋側面紅色曲度連接完成。

40 兩側拱型的最上緣互相牽連，加強穩定度。

41 42 橋面上放上車輛，小朋友會玩得更開心。

另外還可以在橋的兩頭放上從紙箱裁切下來的紙板，當作上下橋的斜坡；橋下可以放置藍色的積木磚塊當作河流，再用積木堆砌船，玩樂的方式就更豐富。

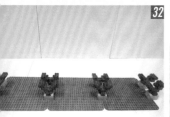

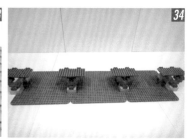

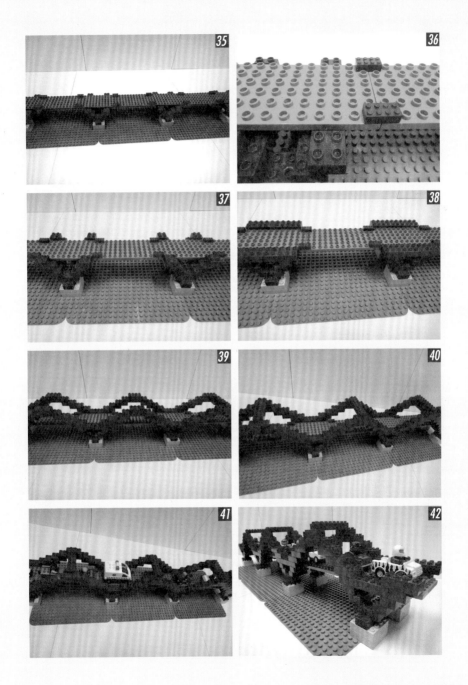

積木上的教養課：**毛毛老師這樣說**

　　我們應該多運用視覺，吸收生活中各式各樣物件的立體畫面，包括物體的外貌、線條、配色、整體的視覺感……等，視覺印象累積得越多，對於堆疊積木創作就越有幫助。

Lesson 4

玩積木讓孩子更會思考

一般小朋友在生活中，確實很少有機會養成思考的習慣，不免常讓父母嘮叨「怎麼不多用腦」「不會用腦袋瓜想一想」。其實這種現象的形成可以從生活中一窺究竟。在孩子「還小」的時候，父母、長輩通常會順理成章的以呵護的心態幫孩子打理好生活點滴，或是扮演幫忙解決問題的角色。父母習慣出手化解問題，孩子也習慣有人幫忙處理，若這種習慣在孩子成年後依舊沒變，那就會成為時下所說的「靠爸靠媽族」。

先動腦，再動手

　　我曾對一位來上課的小朋友感到好奇，因為他上課時常會不假思索，三不五時就用「不知道」來回應所有問題。（我的問題並不困難，只是要用來鼓勵、增加小朋友自信心，只要孩子稍加觀察，就能反應的問題。例如：這樣的結構長寬是多少顆粒單位？你能判斷這根軸應該是多長嗎？）我問他：「有沒有兄弟姊妹？」他說有一個妹妹。我接著問他：「會不會照顧妹妹？」他回答：「討厭妹妹，也常欺負她。」我說：「哥哥應該照顧妹妹才對，那你也欺負爸爸媽媽嗎？」他的回答更讓我錯愕，他說：「爸爸媽媽不能欺負，因為他們要負責照顧我。」我接著問：「人總會離開這世界，你有想過當爸爸媽媽離開後，要找誰照顧你嗎？」他說要請傭人。我再問：「你有多少錢？」他回答我幾百元，於是我告訴他，幾百元是請不到傭人的喔⋯⋯

　　這段對話給我的感觸很深，也讓我深自警惕，千萬不要讓孩子認為不管發生什麼事，父母都會出面協助。現代父母常為孩子

過度付出，或認為孩子觀念、想法不成熟，不可能做出正確的判斷或是想出正確的解決之道，而讓孩子永遠沒機會靠自己的想法去接觸世界，面對生活的真實面。在孩子成長的過程中，父母應該逐步讓孩子參與，並共同決定生活中的計畫，分析在不同方案下可能產生的得失利弊，這樣孩子才有實際參與的經驗，也才能在即使思維尚不成熟的情況下，也逐漸習慣思考，學會謹慎和判斷，而不會總是舉棋不定。

　　若父母聽了孩子的計畫與想法後，認為可行性不高、想法不成熟，也不一定要在當下否定他，可以提供一些建議，但態度上還是予以支持。若孩子照著自己的想法去做而失敗了，也比較能夠坦然地調整心態和修正做法。如果始終都是父母替孩子一手安排或是決定大小事，孩子就沒有機會證明自己的想法是否可行，更無法累積思考和判斷的經驗。我們終究有一天或離開孩子，因此，在生活中及早培養孩子獨立思考的能力非常重要。而由於現代生活的便利，也讓孩子越來越少遇到需要主動思考的情境。舉例來說：自動門在生活中隨處可見，一天當中出入超商等各場所多少都會遇到幾次，但是有多少小朋友會對自動門產生好奇：為何我不用伸手去碰，門就會自動開關，也不會夾傷人？我們騎的變速腳踏車，為何靠適當的齒輪變換就可以讓我們爬坡時較省力，它和汽車變速箱的換檔作用是否有相同之處？上述例子都可以透過積木學習到原理。生活中處處充滿了可以學習的知識，雖然我們已經很習慣去使用及享受這些便利，但是父母還是可以多花點心思，帶領孩子進一步認識這些便利背後的原理。

天下父母心，多少對孩子有所期望，我當然也是！其實我對孩子的期望很簡單，就是希望他會「想」。與其期望孩子有成就，不如回歸到根本，協助他「懂得思考，並且喜歡思考」。

如果孩子有思考的習慣，遇到困難與問題時就能自己思考面對。思考與發想在生活中，通常用來解決問題、發明與創新，因此會思考的人在社會中自然會有較多機會，在競爭中異軍突起、獨樹一格，即使面對僵化的行政流程，也能讓行政事務更有效率。

愛思考、有想法的孩子才有競爭力

我很擔心自己的孩子沒想法，只能照著別人的規畫走，當我的孩子升上國小高年級時，我認為是時候可以告訴他一些重要的人生價值觀念了。我很慶幸自己能以積木操作教育的推廣和教學為業，才有機會一路帶領自己的寶貝玩積木。如今已小學五年級的他，在參加了三年的積木機器人競賽後，我慢慢感受到他已從中領悟到人生許多正確態度的重要性，這比我一直耳提面命有用得多。每年競賽過後，他會清楚理解自己在賽場上，必須謹慎、專注，有想法，並且去驗證想法是否可行；也從中體會了我常給他「犯錯不一定有機會重來」的觀念。此外，經過努力後的收穫是很好的自我肯定，即使失敗或是有遺憾，若已盡力也對得起自己，孩子會更懂得一山還有一山高的道理。失敗後不退縮，而是期待下一次的挑戰，這種態度才是將來在社會競爭中所需要的！

記得在2012年的一場初賽賽事中，他和隊友因為一個判斷

上的失誤，讓他們的隊伍從原本有機會進入決賽前三名，最後卻驚險的擠進決賽門檻！經過這個過程，不用大人提醒，他們也自然領悟到，若是這樣的失誤發生在全國總決賽，影響的可能就是出國比賽的資格了；若是發生在世界大賽，大家會快樂的出國，卻抱著遺憾回國。若真是因為技不如人而失敗，那就繼續回國苦練；但若因為失誤而將機會拱手讓人，就會令人很難釋懷。父母和師長與其語重心長告訴他們這番道理，其實不如讓他們好好經歷一次。

堆疊積木時，無論是製作靜態或動態作品，當小朋友開始拿起一個積木構築成作品時，會很自然的開始想：「我要放哪、這樣像不像、好不好看、堅不堅固、運作得順不順，要用哪個零件？」就算再沒有思考習慣的人，都一定會自發性的或多或少啟動思考的反應與本能，老師更能在指導小朋友製作的過程關鍵，提供更多有趣的解題活動讓小朋友思考。

以敲擊器和雨刷作品為例：

 敲擊器

   1 2 Q1：如何做出另一支敲擊器？

   3 4 Q2：如何能單獨敲打也能同時敲打？

   5 Q3：如何聽到更多的敲打聲？

   6 Q4：如何使敲擊器抬得更高？

   7 Q5：如何發出不同的聲響？

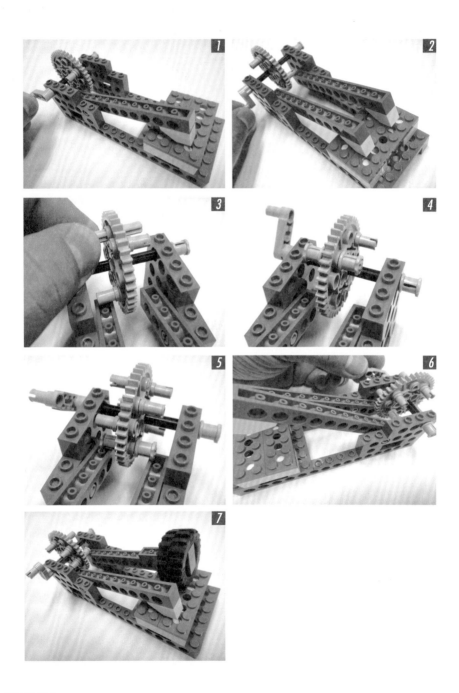

1 觀察後，製作出另一支音槌。

2 完成兩支音槌。

3 小朋友要想一想如何只用一根短軸，就能讓兩根音槌同時敲打。

4 用兩個小滑輪將短軸固定。

5 齒輪兩側多插一些連接器，這樣齒輪轉動一圈就可以聽見很多的敲打聲。

6 如果支點的位置更接近施力點，敲擊器擺動的幅度就會更大。

7 不同材質敲打時所發出的聲音會不同。

 雨刷

8 **9** Q：如何增加第三支雨刷？

圖中是常見的汽車雨刷，砂石車等大型工程車輛由於玻璃面積較大，有時可見三支雨刷，小朋友可以在兩支雨刷完成後，透

過觀察第一和第二支雨刷，想辦法延伸做出第三支雨刷。老師可以給予小朋友適度的提示，例如：算出第一和第二雨刷的間距，就可以知道第三支雨刷的位置。而第二支雨刷又是如何被第一支雨刷帶動，是否可以使用相同方式，利用第二支雨刷帶動第三支雨刷？

8 一般兩支汽車雨刷的結構。

9 先將第一、二支雨刷支架延長，觀察兩者的間距，用相同間距找出第三支雨刷的位置。

我們手上所拿的單一積木零件並不代表生活中的任何具體物件，要逐步將各式各樣的積木零件相互組合、堆砌，才能做出我們認知中的實際物體。堆砌積木時所用的每一個零件，在作品中絕對都有其功能，有些是為了美觀、有些是為了堅固、有些是為了表現某種功能性。在一件積木作品中，每個零件都有它必要存在的理由。

毛毛老師常對家長說，縱使再怎麼不喜歡思考的小朋友，當他拿起一塊積木時，就會不由自主的開始思考。疊積木其實就是一種「思考與反應」，所以玩積木很厲害的人，你也可以說他較能快速掌握於這些積木零件在作品中正確的角色與定位，且對於三度空間的敏感度、辨識力，尤其是邏輯能力的表現，其實都有不錯的水準！

手動攪拌機

10 11 12 這是一台手動式攪拌機,用手轉動把柄時,可以將動力透過齒輪傳遞到碗上方的攪拌棒零件。這個積木製成的機械作品需要有穩固的支架,才能將上方把柄和齒輪穩固的固定在結構上。另外,結構下方也需要穩固的平台來安置容器。製作時還必須考慮,若要能夠放置不同大小的容器,平台上就必須要有可以調整的容器固定設計。最後,攪拌棒插入碗中的深淺也能夠調整。如此,積木作品的完整性就會更高,實際生活中的產品也是依照這樣的原理或構想設計出來的。

積木上的教養課：**毛毛老師這樣說**

與其期望孩子有成就，不如回歸到根本，協助他「懂得思考，並且喜歡思考」。

照著範本組裝也有技巧

有些家長認為「我的小孩玩積木很厲害」，這個說法其實不是很正確。家長若是只看到孩子將買來的積木很有耐心的按圖組裝完成，應該說「我的孩子看圖組裝積木很厲害」。這件事反映出來的是孩子很細心、平面轉換三度空間的反應不錯、觀察力OK，這些能力都可以讓孩子看著組裝說明順利完成「別人設計的作品」，但還稱不上是「玩積木很厲害」。想玩得厲害就要創作，而創作必需累積實作經驗和生活中的視覺印象。

看圖組裝很厲害，不代表創作很厲害。看著組裝圖將作品堆疊出來，是玩積木的基本門檻，雖然疊積木還有許多更具挑戰性的玩法，但看圖照步驟組裝也沒有什麼不好，只要能夠將一堆積木零件按圖施工、正確完成，就可以肯定自己細心、有耐力，並且有始有終的完成作品。

看組裝圖積木作品時，有些技巧可以讓你組得更快，也不容易出錯，包括：「由近處觀察」「捨近求遠」「找出關鍵點」等。以下分別說明這些技巧：

由近處觀察

1 圖中的步驟一，雖然僅需要放上幾個零件，但可以觀察孩子在沒有任何協助的情況下，他會先放上哪一個？第一個先放上去的應該要是離自己最近的，由它的位置來推斷其他零件的位置，可以減少出錯率！上圖中，在一片綠色的積木底板上有四個紅色的積木，看似很簡單的安裝，但是在我教學的過程中，會將零件放錯位置的學生不在少數。你也可以試試看，孩子會先選擇

放四個紅色零件中的哪一個。我將四個紅色零件分別標上號碼，這是我「建議」的放置順序，理由是：由近處觀察比較能數清楚綠色的顆粒，可以減少出錯率。藉由第一個紅色積木的位置，再去推算其他紅色積木擺放位置。如果孩子先選擇放置2，相對的要數的綠色顆粒會變多。若是先放3或4這兩個位置，都有綠色顆粒被遮蔽，不是沒辦法算，而是必須很細心的看出不完整的綠色顆粒數量，才能推算出正確的位置。因此，先放1號紅色積木，比較不會「第一步驟就糊了」。

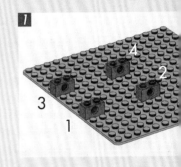

捨近求遠

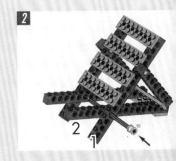

2 圖中的折疊椅必須插入一根長軸來固定「椅背和坐位」兩個部分，因此要先將長軸插入椅腳由下往上數的第四個洞，和座位由前往後數的第六個洞。但是距離我們較近的座位第六個洞被椅腳遮住了，因此反而要捨近求遠，找到距離較遠而未被遮住的坐位的第六個洞才能順利安裝。

右圖是一張尚未完成的折疊椅結構，標示1的紅色零件是「椅腳」，標示2的紅色零件是「坐位」。要將一根黑軸穿進椅腳的第四個洞和座位的第六個洞，但是我們僅能正確的看出離我們視線較近的椅腳的第四個洞，我們必須捨棄近的觀察點，

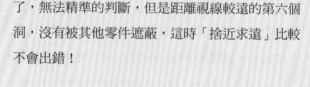

改為觀察較遠的坐位紅色零件，原因是近的被遮住了，無法精準的判斷，但是距離視線較遠的第六個洞，沒有被其他零件遮蔽，這時「捨近求遠」比較不會出錯！

找出關鍵點

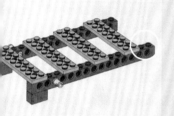

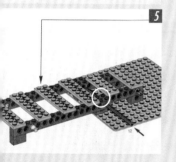

越到後面的步驟，圖像也就越複雜，作品組裝圖上顯示的範圍也越來越大。其實，在大範圍中，只要掌握「關鍵點」，處理起來就會方便許多。若能找到圖中的四個紅點，這四個紅點其實就是前面步驟中，橋面和橋座上各兩個紅點所構成的，如果可以快速的察覺這四個紅點的存在，就能較快完成這個步驟，這就是所謂的「關鍵點」。

3 圖中是一座尚未完成的橋梁結構，我稱為在綠色積木底板上的「橋座」，請注意被圈出來的「兩個紅色顆粒」。

4 圖中是橋梁結構中的「橋面」，請注意被圈出來的「兩個紅色顆粒」。

5 要將橋座和橋面要結合時，你會發現圖中的結構範圍非常廣，但是請注意被圈出來的「四個紅色顆粒」，雖然圖中的結構範圍很廣，但其實只要一眼看出「結構的關鍵處」，這個步驟就可以完成了！很多孩子看了半天，最後還是蓋錯，就是因

為視線跟著圖像「變廣」，看了大概卻沒有看到真正關鍵的位置。

　　當孩子開始組裝時，父母可以從旁觀察孩子組裝時按圖施工的能力，雖然不是絕對的，但仍可以從「出錯的機率高不高」「在複雜步驟中找出關鍵位置的速度」「是否花很多時間裝了又拆」這幾點來觀察。平面的立體圖像跟真實的立體圖像，還是有著亮面、暗面，深淺與景深的差異，所以小朋友出錯率高的原因多少跟「平面圖像轉換立體圖像的能力」「個性太急躁」「觀察技巧（比如前面所說是否從近距離觀察）」「耐力不夠」等有關。如果出錯率高，可以鼓勵他了解看圖的三項技巧，並且要有耐心，寧可放慢速度，以免到後面才發現前面步驟出錯，必須花很多時間拆解再重來一次。

　　另外，在積木教學的過程中，小朋友如有必要參考作品組裝範本，老師應叮嚀所拿的零件，放在桌上時必須和圖上的方位完全一樣。每一個步驟完成後，自己先檢查一次，先確認沒有問題，然後可以請老師再確認一次，藉此減低在操作過程中重複拆解浪費時間，並養成孩子細心、一次做好的習慣。

積木上的教養課：**毛毛老師這樣說**

　　當孩子開始組裝時，父母可以從旁觀察孩子組裝時按圖施工的能力，雖然不是絕對的，但仍可以從「出錯的機率高不高」「在複雜步驟中找出關鍵位置的速度」「是否花很多時間裝了又拆」這幾點來觀察。

Lesson 6

如何開始「玩積木」?

從事積木操作推廣教育多年，常遇到很多家長在詢問課程相關問題時表示：「我自己不會玩積木，更不知道如何帶領孩子玩積木」。其實每個人都會疊積木，很多人認為自己不會，是因為覺得疊不像，或是缺乏創意，說白一點就是「放不開的包袱太大」。當然，不少人玩積木是為了讓別人欣賞、得到稱讚，但我建議，只要自己做得開心、喜歡自己的作品，就可以了。常常玩就會慢慢玩出心得，作品的精緻度和完整性也會相對提升。

很多人玩積木的障礙來自於「不知道要做什麼」，其實不知道要做什麼，也是因為平時沒有培養觀察的習慣，以及缺少想法所致。若真的想不出一開始要用積木做些什麼，我可以提供一些很簡單可以立刻上手的積木生活創意，例如：筆筒、撲滿、相框、收納盒、花瓶、名片架等。

 筆筒

1 筆筒最基本的需求是要有一個空的圓柱體來放筆，要達到這個目的只有兩種途徑：一是找相似的零件，二是用散顆粒自己疊。由於積木產品有推出城堡系列，城堡中高塔的零件剛好吻合製作筆筒的需求，而且零件上有磚牆的彩繪，讓城堡的風

格更為強烈，若再加上軍旗、藤蔓和一些同色系的積木顆粒來修
飾，更有城堡的感覺。

2 加上兩個士兵「有士兵在看守，休想亂拿我的筆喔！」

 撲滿

3 把錢存在海盜的藏寶倉庫最安全！

4 投幣口一定要在最上方，撲滿才能存滿錢，這是設計時
要注意的地方。

5 從監獄逃出來的小偷想偷錢！

 相框

6 相框是非常容易創作的物品，設計上不外乎在相框外框
上變化造型，如：人、動物、卡通人物、汽車等造型，或以積木

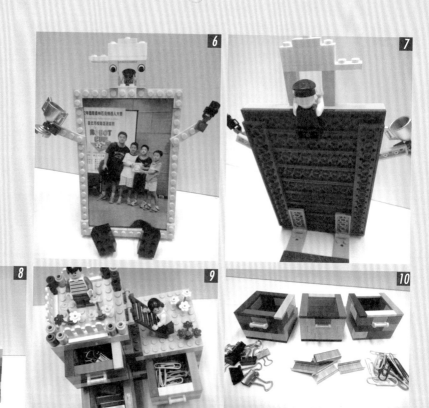

色彩或是樣式來變化，也可以增添一些情境小物，如：相框下方用綠色積木疊成草原，上方堆砌雲和太陽等，再加上一張全家出遊的照片，就將照片情境和相框融為一體了。

7 相框背面。相框和桌面接觸的兩個灰色活動積木零件，可以讓相框調整出適當的傾斜角度，也是相框必備的功能喔！

 收納盒

8 9 抽屜都是可以拉出來的。

10 收納盒可以有大小的變化，裝燕尾夾、釘書針、迴紋針都沒問題！

　　甚至可以結合其他功能，像是筆筒、相框，或是在整個收納盒的外觀上做整體造型設計，如做成火車頭、鞋子、房屋等。功能以外的外觀設計，可增加作品視覺上的附加價值。

Sample 花瓶

11 插一朵「花」在裡面。

12 各部分分開來看。

13 加上園丁幫忙澆花，增添視覺上的趣味。不用擔心花會凋謝，可以天天欣賞！

Sample 名片架

14 15 結合名片主人的職業特徵會更有趣。

　　以上這些題材都有比較隨興創作的空間，不用擔心「是不是很像」的問題，當然在製作時還是得注意「基本功能」，像是上列範例具有放筆、存錢、放相片、收納文具等基本功能。其次，可以嘗試增加造型的「附加價值」。例如，可以發揮想像力將迷你文具收納盒變成房子、鞋子；將存錢筒變成各種你喜愛的動物或是寶箱；將筆筒變成河馬的大嘴巴等。

　　從這些比較不受限又實用的題材入手後，別忘了與親朋好友分享，從中獲得成就感與自信及持續疊積木的動力。接著可以在網路上多看各式各樣的積木作品，增加對於積木能夠呈現不同面貌的認知，再決定自己想堆砌的東西。你也可以思考一下平常對生活中哪些物品特別感興趣，多去搜集相關資料和圖片，增加對於喜愛物品的掌握度。當然偶爾也需要添購一下積木顆粒，以滿足創作時的需求。隨著挑戰難度的提高，接下來可以嘗試製作「自己喜愛的東西」，像是車子、建築等。這類題材在日常生活中隨處可見，想要做得像又好看，門檻並不會太高，不妨當作入門嘗試。

　　另外，大家耳熟能詳的故事、劇情裡出現的角色，也會是很多人躍躍欲試的題材。這類題材因為要呈現的目標非常明確，所以觀賞者很容易從作品

的「比例、細節、線條流暢度」等方面來評斷像不
像、好不好看，挑戰難度也比較高，如以下作品：

　　16 17 大小哆啦A夢（小哆啦A夢高18公分，
大的高90公分）
　　18 19 聖誕老公公
　　20 北門建築

　　當然，能夠將一堆零散的積木，透過創意，堆
砌出有模有樣的物體，是玩積木的最佳精神，但有
時積木產品本身的主題就已經非常具有吸引力，像
是星際大戰、世界經典建築、機械工程車輛、電影

或電視的當紅題材等，基於對該主題的喜愛而動手玩積木、搜集相關主題的積木產品，也是玩積木的簡單途徑。以上所提的，都是「靜態積木」的創作題材範例，而「動態積木創作」與「競賽機械積木創作」則更具挑戰性。毛毛老師最喜歡的是機械工藝類的積木產品，像是工程車輛和各種機械裝置。這類積木產品在組裝完成後，可以透過電動或是手控方式來操作，例如可轉動的汽車方向盤、伸縮工程車的腳架、伸長吊車的吊臂，以及推動車輛時可以觀察引擎的運作等。另外，這些構造都是真實結構的簡略或縮小版，長期組裝對於增加基礎知識也有很大的幫助。

悠哉納涼的招財貓

21 招財貓會揮手招財，但牠一邊招財一邊吹電風扇（圖左），幻想著能吃到電風扇上的魚，並沒有專心在招財。

22 作品主角「不認真招財的肥貓」。

23 招財貓左邊的電風扇結構，除了扇葉能轉動外，也能擺頭。

24 插在電風扇上的魚，是招財貓幻想出來的。

25 26 招財貓的金字招牌「千萬兩」，燈亮表示營業中，燈滅代表休息中。

27 招財貓背部結構。主要構造是驅動揮手的機械裝置。設計重點是將馬達的運轉速度變慢，並且讓貓做出緩慢「揮手」的動作，調整出適當的擺幅。

動態旋轉飛機（請見下頁）

28 29 旋轉飛機全貌。這是兒童樂園常見的遊樂設施，設計重點是所有飛機要「同時旋轉」，並且要有「高低飛行的視覺變化」。

30 透過減速裝置，減慢馬達原始的轉動速度，並將動力改成平行於地面，準備傳送至旋轉的軸心。

31 利用齒輪與鏈條做遠距離的動力傳送，驅動旋轉飛機轉盤中心。

32 圖中圈起來的灰色如微笑曲線部分，可以讓飛機經過此處時的飛行高度下降。

33 圖中白色拱起部分所形成的弧度，可以讓

飛機經過此處時的飛行高度爬升。

 旋轉木馬

34 35 旋轉木馬的設計挑戰較大，因為要帶動下方的轉動遊樂設計以及上方懸吊設計，而且共八處的懸吊在轉圈的同時都必須上下擺動，但完成後呈現出來的動態視覺效果非常吸引人。

36 動力的源頭設計，將動力轉移至旋轉結構主體的中心。

37 上方旋轉吊掛的結構設計。

 帶領學生得到世界冠軍的積木機器人

作品主題為：機器人爬山帶回汽水罐，任務是以最快的速度讓機器爬上山頂，再以最快的速度將山頂上的飲料鋁罐帶下山。設計的重點包括：移動的機器重心要低，才會穩定、如何順利抓住罐子不讓它掉出來、如何順利偵測黑色導引線讓機器移動、如何在機器爬山時，經過平面和斜波路段，依舊能夠穩定偵測導引線，以及如何加快速度等。

38 結構四個角落都有光源感應器，以感應山

路上的黑色導引線。

39 機器前方固定罐子的設計。

40 可以輕易的抓住罐子。

41 抓住罐子後，罐子無法再跑出來。

42 競賽場地。

　　動態積木創作是目前坊間積木教室最普遍的課程，這種門檻
較高的積木堆砌，其實並非不能自行摸索，只不過它需要有較高

的「實作經驗累積」與「生活觀察經驗」。也因為這類型的積木創作，作品的預定功能與成效要求非常明確，欣賞者是以「效能好不好」來評斷作品優劣，而不像靜態的積木作品，僅在意「像不像、好不好看或是有不有趣」而已。

但是，玩積木不是非要挑戰困難的不可，每一種玩法都值得我們嘗試與挑戰，真的沒有想像中那麼難，趕快拿一盒積木來腦力激盪一下吧！

積木上的教養課：毛毛老師這樣說

很多人認為自己不會玩積木，是因為覺得自己疊不像，或是缺乏創意，說白一點就是「放不開的包袱太大」。很多人玩積木的障礙來自於「不知道要做什麼」，其實不知道要做什麼，也是因為在生活中缺少觀察的習慣，以及缺少想法所致。

Lesson 7

如何陪幼兒玩積木？

小朋友從出生到幼稚園階段，可以概略分為未進入幼稚園前的「感知探索的學習階段」，和進入幼稚園後的「環境認知以及團體互動的學習階段」。

在前面的階段，小朋友以自身感官不斷主動探索和接收環境中的刺激，來提升對於環境的認識和辨識度。因此這階段的孩子常會有一些啃咬、丟擲、敲打等有時像是在搞破壞的動作。但他在這樣的過程中，開始認知到什麼可以吃、這超難咬、這敲起來好好玩、這敲出來的聲音我不喜歡⋯⋯同樣的，面對一堆積木零件時，小朋友也是透過這些動作，才慢慢發現積木能「組合」，從疊出東西進步到疊出有模有樣的作品。

如果要求兩、三歲的孩子在這個過程中「聽老師的指令」「和其他小孩子相互合作」，豈不破壞了小朋友專注於用感知學習和體驗積木的過程，更何況，聽指令對於兩、三歲的孩子來說並不容易，並不是他們不聽話，而是現階段對他們而言，環境變化的吸引力遠大於你的聲音。要讓那麼小的孩子聽懂聲音所代表的指令是很困難的，縱使老師將要傳達的訊息再怎麼單純化和趣味化，孩子能理解的也很有限。這就是為何坊間感覺統合等幼兒活動課程，通常都需要家長陪伴。其實老師所下達的指令多數是給家長聽的，透過家長的協助，分攤老師教學上的負擔，進而達到親子同樂與親職學習的雙重效果。

以下列舉一些輕鬆陪同四歲前孩子玩積木的方式：

一、規律疊高、配色疊高

　　這並不是指將一個個積木持續往上堆疊，而是以堅固和規律為基礎向上疊高，並可以加上一些簡單的故事情節，提高小朋友願意動手的主動性。

　　1 2 當第一層的四個黃色積木排列好之後，四個積木會有四條交界線。當第二層的藍色積木堆疊上去時，一定要平均壓在交界線上，這樣才會堅固。持續以藍色一層、黃色一層向上堆疊，這是最基本的規律疊高方式。

　　3～5 在第一層黃色積木排列完成後，第二層的積木內縮一個豆的單位，依舊可以壓到第一層的交界線；依照內縮一層，外擴一層的規律持續向上堆砌，外觀就會有凹凸變化，除了顏色的規律性外，更增加了造型的規律性變化。

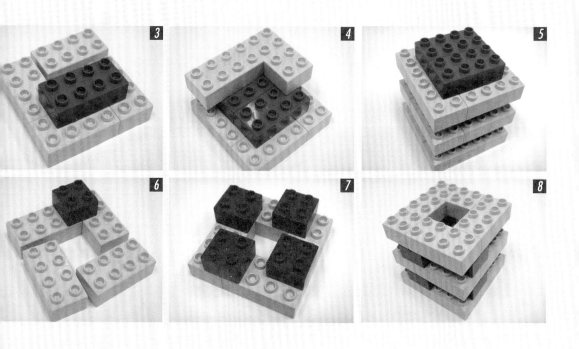

6～8 圖中第二層改成用小顆粒積木來壓住第一層的分界線，以大顆粒一層、小顆粒一層的規律性向上堆疊。

規律疊高的趣味在於小朋友從一開始坐著疊積木，到後來隨著高度上的變化慢慢跪著，最後要站著才能將積木堆砌上去。以上的變化都是以兩層為主，還可以帶小朋友設計三層的規律變化，不斷的將積木疊高。

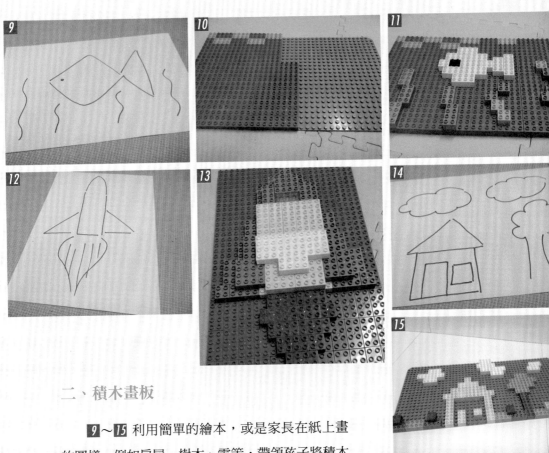

二、積木畫板

9～15 利用簡單的繪本，或是家長在紙上畫的圖樣，例如房屋、樹木、雲等，帶領孩子將積木底板當成紙張，用積木顆粒將圖樣排列出來。

三、數字與字母

在積木底板上拼出數字或字母，並擺出相同數量、或是找出單字能對應英文字母的物件。

16 17 「C」是cat（貓）、「D」是dinosaur（恐龍）、
「M」是monkey（猴子）、「E」是elephant（大象）。

四、疊形狀

18 ～ 25 平面與立體玩法：利用積木疊出平面或是立體的形
狀。

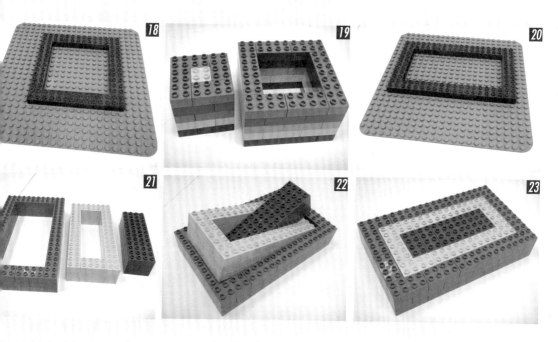

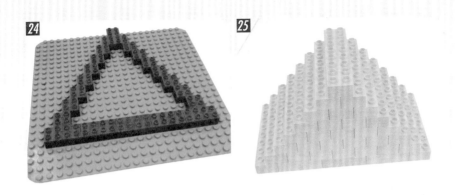

五、框框收納

　　讓小朋友練習基本的堆砌技巧，並將分類收納與積木結合。

　　26 ～ 30 用積木排出汽車的造型，再用第二層的積木將造型固定。圖中在車形外框內再隔出前車窗、後車窗和車身三個區域，在前車窗放入植物類的積木零件、後車窗放入人偶類的積木

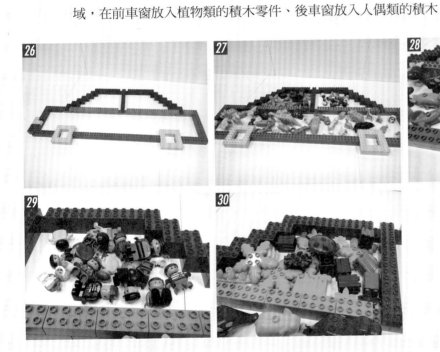

零件，在車身的區域放入各類動物。家長可以帶領孩子排出各種不同的造型後，再將造型的內部用積木區隔開來。

六、加入其他素材做變化

31 32 比如利用積木疊出堅固、粗壯等高的桌腳，再加上一片木板，就變成小朋友的小書桌；也可以利用積木顆粒堆出簡單的人或動物造型。

七、堆疊動物和人

33 ~ 35 用積木疊出長頸鹿、鳥、烏龜。家長可以帶領小朋友觀察不同動物顯著的特徵，盡量將該特徵用積木表現出來，增

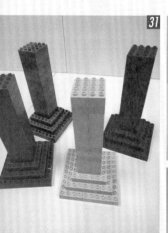

加辨識度，但不能忽略該有的堅固度。

　　 36 ～ 40 利用積木堆砌出人體的造型，戴頂紅色的帽子增加趣味，試試看可以排列出幾種不同的姿勢。在重新堆砌姿勢的過程中，為了呈現特定的姿勢，不一定能保持堅固壓線堆砌的原則，因此可以讓小朋友練習手指小肌肉的穩定性。

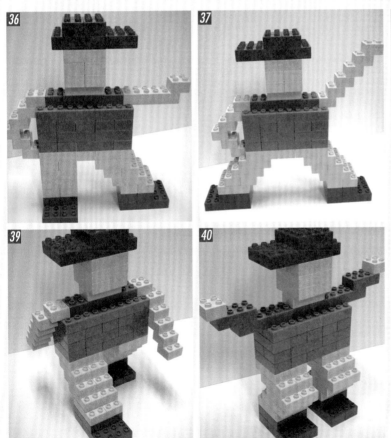

八、 爬框框跳格子 **41** ～ **43**

九、 小規模主題情境

　　44 別墅：堆疊出一棟有兩層樓的房子，想想看一、二樓的功能為何？並細心的製作樓梯通往二樓。別墅有庭院、氣派的大門、車位，在庭院中可以放入花草樹木等植物，最後別忘了把別墅中的家庭成員放入場景中。

　　45 露天咖啡店：除了用積木堆砌出咖啡店外，並在庭院中放置桌椅和杯子、壺等零件，用花和樹木營造出舒適的感覺。藤蔓纏繞的入口更能表現出店面的特色。

　　46 **47** 加油站：加油站中有汽車和機車的加油區，有時還可以看見洗車或是簡易保養以及維修的區域。不少小朋友在父母親開車加油時都喜歡東看看西瞧瞧，不如親子一起堆砌出加油站，讓小朋友也有機會體驗幫汽車加油的樂趣，滿足好奇心。

　　生活中還有很多場景，藉由積木堆砌，除了讓小朋友鍛鍊小肌肉與穩定性，並增加立體創意的敏感度外，也能增加對於實際生活中各場所和其功能的認知。

　　家長在陪玩的過程中，就把自己當作小朋友的大玩伴，負責

提供點子和給予協助，或只是擔任稱職的施工「工人」就好。在這個階段，讓小朋友喜歡動手組裝、動手玩就是最大的目的，而這種陪玩的學習可以從約一歲一直持續到三歲多，若家長不間斷的持續在親子時間中，讓孩子常觸摸和觀察不同樣式的立體積木零件，小朋友也會慢慢建立對於立體物件的敏感度。

孩子在幼兒階段，大肌肉的活動量會比小肌肉的細節動作高出許多，而細節動作的活動量就可以靠玩積木來補足，更能同時訓練和建立孩子的手眼協調能力。精細動作的操作能力，關係著未來是否能勝任更困難的積木堆砌，尤其是機械類的積木堆砌，而這種需要高細膩度的操作，將來不少職場工作也用得到。

四歲後的積木操作學習

孩子四歲之前，陪玩積木的重點是讓小朋友保持操作的手感和習慣，並累積對物體空間的敏感度；到了四歲左右，就可以在老師的帶領下，以小團體的方式進行積木操作練習。

在操作課程中，老師會以趣味示範、說明和講解，小朋友對於聆聽他人發言，開始要有基本的穩定性，才能製作出趨近於主題的作品。四歲孩子已

慢慢可以開始學習以群體互動和合作模式進行積木操作。不同於四歲前，此階段的孩子可以製作更複雜、規模更壯觀的積木作品，也可以慢慢聽從老師的說明，理解一些作品中的因果關係和簡單原理。為了因應進入小學後需要更高度的學習穩定性，小團體的積木操作課程，正好提供了孩子這樣的暖身練習。

四歲小朋友的積木操作課程，最好以情境場景的製作為主。所謂情境，就是生活中的場景，這其實也是一種社會認知學習。例如，在機場場景中，會出現哪些建築？哪些交通工具？生活中為何需要機場？什麼情形需要搭飛機？飛機的功能為何？飛機的用途為何？機場中有哪些職業類別？小朋友在機場中能做些什麼？機場中哪些地方小孩子不能去？……而這些問題，也都可以透過情境操作課程中增進「社會認知和本我認知」方面的學習，累積堆砌技巧、空間敏感度、眼手協調、手指細動作的操作能力、創意想像力等能力。

積木上的教養課：毛毛老師這樣說

在孩子四歲之前，陪玩積木的重點是讓小朋友保持操作的手感和習慣，並累積對物體空間的敏感度；到了四歲左右，可以製作更複雜、規模更壯觀的積木作品，也可以慢慢聽從老師的說明。為了因應進入小學後需要更高度的學習穩定性，小團體的積木操作課程，正好提供了孩子這樣的暖身練習。

Lesson 8

適合幼兒的情境式操作課程

生活中，每天都會遇到各種不同的生活情境和場景，因此，用「情境、場景」讓孩子進入積木操作的領域，是一種貼近小朋友生活的玩樂方式。

　　以「機場」的場景為例，機場中的建築包括「大廳」「塔台」「停機棚」等。這些建築在造型上各有其設計的獨特性：大廳就是要夠大，要有特色，因為其代表一個國家的門面，外國人來我們國家，一下飛機，不久就會進到大廳，所以可以引導小朋友製作出東方建築風味的大廳。而高聳的塔台不是用來看風景的，是用來看清楚地面飛機準備起飛，以及空中飛機準備降落的狀況。因此高高的塔台要非常堅固，頂端還要有供控制員工作的控制室。停機棚要能夠遮風避雨，讓飛機休息，並好好保養飛機，它等於是飛機的房子。小朋友又該如何用積木創作出可以讓飛機進出的維修停機棚呢？

　　老師可以引導、鼓勵大家合作，或是以分配某棟建築由某位小朋友來完成的方式，進行「機場建築的堆砌」。而飛機場上的主角當然就是各式各樣的飛機，因此每位小朋友都是製造飛機的工程師，必須將客機、貨機、直升機、運輸機甚至是未來的科幻飛機都製作出來。然而，在機場中的交通工具只有飛機嗎？為什麼還會有油罐車、消防車，它們的功能和用途為何？讓小朋友知道，原來在機場場景中，也有特殊功能的車輛，創作、擺放這些車輛，會讓機場場景更吸引人也更真實。如果小朋友表現得很棒，創作的速度很快而有多餘時間，那就多放一些現成的積木車輛，或是製作簡易的積木車輛，當成在機場外的計程車或是巴

士，讓外國觀光客好好的認識台灣。另外也可以引導小朋友思考：機場需要圍牆嗎？那麼多飛機需要幾條飛機跑道？機場的人多不多？機場中有商店嗎？肚子餓了有地方可以買東西吃嗎？現在，大家的腦海中應該浮現了「積木機場」的場景，這不是這個年紀的小朋友可以獨立完成的，這就是小團體積木情境操作的樂趣所在。小朋友不僅可以獲得操作積木技巧與熟練度的成長，同時可以和夥伴建立簡單的合作關係、認知機場環境，並在角色扮演中更認識自己與不同職業的屬性。讓孩子能將過去、現在、未來甚至是想像的場景，用積木顆粒呈現出來，這種玩法很過癮，也很適合幼稚園的孩子。

積木機場情境場景

1 機場全景
2 **3** 機場大廳
4 塔台和停機棚
5 停機棚（保養飛機的地方）
6 塔台特寫
7 機場中的消防隊和消防車

8 機場中的各式飛機（可以用一般積木顆粒堆砌，也可以
　　使用需要工具組裝的積木零件來組裝飛機）。

9 各式飛機特寫。

　　專為幼兒開發的積木產品有一些共通性，像是：絕大多數都
是以「情境」為產品設計主軸，例如：消防隊、警察局、農場、
動物園等。有時家長想幫幼兒添購積木，會不清楚是買「情境產
品」好，還是「一般積木顆粒產品」好。

情境式積木和一般顆粒積木：

10 幼兒主題情境式積木產品「農場」

11 幼兒主題情境式積木產品「醫院」

12 以一般的幼兒用積木顆粒為主的積木產品

　　我們可以用基本顆粒疊出一棵樹、一台車或一隻動物，但是

這種表現方式對於幼兒來說還有點抽象，他們容易覺得眼前的東西有點不像車、不像樹、不像動物。所以，在一個情境中，屬於建築類的結構，可以讓孩子用基本顆粒積木來創作。以都市場景為例，像是高樓、房子、橋樑、鐵塔可以用基本顆粒來創作，而都市場景中的細節，像是車、花、樹木、小狗、小貓，則可以搭配現成的積木零件，來增加場景的細節和豐富度。如果整個場景都用一般的積木顆粒疊成，老實說，幼兒不太容易接受這就是他印象中的都市場景。

　　年齡越小的孩子，生活印象越具體，車輪是圓的，屋頂是尖的，他很難也不太願意將一個小正方體顆粒當作是圓形的車輪，或是將五層向上接著五層向下的樓梯，認定為房屋的屋頂。任何題材都用基本顆粒來呈現，其實是一種難度較高的積木玩法，因為這中間必須建立抽象與具象的連結，才能將方方正正的顆粒用聯想力和真實世界的物體連結。完全以基本積木顆粒為創作材料的玩法，對於幼兒來說，適度即可，不需要因為認為現成的裝飾

  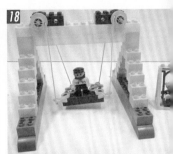

性零件對小朋友沒有幫助，而不讓他使用，這樣反而破壞了幼兒玩樂的趣味。

 真實與較抽象的作品對照

13 車子　**14** 人物　**15** 長頸鹿

16 花朵　**17** 樹木　**18** 盪鞦韆

在這樣的積木操作過程中，另一個影響幼兒操作的關鍵是「積木不同的組裝特質」。這會影響小朋友達成不同的小肌肉（手指）訓練。包括疊壓、插拔、轉扭等動作。

★**基本顆粒**：提供小朋友手指小肌肉施壓以及上下夾壓的練習，手眼協調能力好的小朋友，可以快速將積木互壓到定位。

★**插與拔類零件**：增進小朋友指尖動作的穩定性和指尖肌肉的力量。透過這類零件，可以進行零件與零件之間的微調，微調時雙手配合度和動作難度高於基本顆粒的堆砌，通常需要一手捏緊，另一手才能穩穩的將零件調整到適當的定位。

★**需要轉扭的工具型積木零件**：組裝積木零件時，會用到特殊的起子、扳手，它可以幫助孩子提升手掌抓握能力及腕力。另外，在組合積木時，手中工具必須精準對齊零件上卡榫，可以訓練手眼的協調。幼兒約五、六歲時，握緊工具扭轉的動作，對於拿筆寫字的穩定性會有不小的幫助。

19 以疊、壓動作為主。

20 以插、拔動作為主。

21 以轉、扭動作為主。

　　大人可能會認為小朋友用大顆粒積木太簡單、沒有挑戰性，想讓小孩早一點接觸小顆粒積木，其實沒有必要。首先，小積木

的密合度對於幼稚園小朋友拆拔積木來說，不是一件輕鬆的事，所以容易在積木上發現小朋友的咬痕。玩積木本來是一件快樂的事，如果讓小肌肉力量還不夠的四、五歲孩子，用小積木來堆砌，孩子可能會把玩積木過程中的拆拔當作是件苦差事，反而不喜歡玩了。另外，「挑戰性」並不是這個年齡的幼兒需要學習、面對的，父母應該要以幼兒的角度來看待孩子的玩樂方式。

　　事實上，大人玩大顆粒積木也可以玩得很暢快！尤其是想堆疊一些大型作品時，就會發現大顆粒可以省去不少時間，不用太久就能夠讓作品很壯觀，所以大顆粒積木並不是幼兒的專利。無論大顆粒還是小顆粒，都是一種素材，關鍵在於我們能夠運用這些積木做出什麼、帶給別人什麼感受？千萬別再以積木顆粒的大小，來界定玩積木的人屬害不屬害喔！

 大積木創作：馬戲團

　　22 馬戲團全景

　　23～**25** 貓踩木桶、猴子倒立、大象玩平衡桌與翹翹板及踩球、老虎跳火圈。

26 貓熊和白熊過橋。

27 空中飛人與爬鋼索表演。

28 觀眾席

 海底世界

29 海底世界全景

30 海星、烏賊、熱帶魚

31 熱帶魚、水草

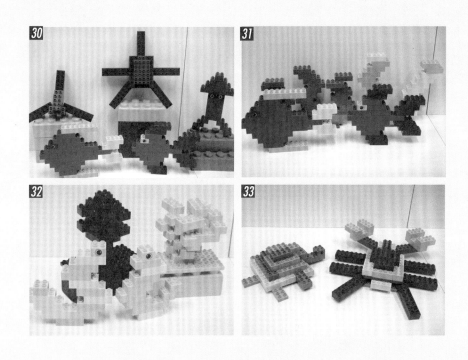

32 珊瑚、海馬

33 帝王蟹、海龜

　　「單點顆粒銜接」，也是頗適合幼兒的玩法。單點顆粒銜接
需要小心組裝，因為積木與積木之間僅以一個顆粒互相銜接，雖
然會降低堅固度，但卻可以將積木彎曲排列，有別於一般的縱向
或是橫向的基本堆砌方式，更增添了用一般顆粒組裝的趣味性，
同時也可以讓幼兒加強操作的穩定性，是一種比較特殊的玩法。

 單點顆粒銜接創作：奇幻世界

34 奇幻世界全景

35 奇幻世界入口

36 ～39 奇幻世界中的遊樂設施

另外，玩積木也絕對不是男生的專利，千萬不要有男生玩汽車飛機，女生玩布偶娃娃的刻板印象，或用性別為幼兒預設玩具類型，否則可能從一開始就錯失了讓孩子學習發想和動腦的契機，而抹煞了孩子一輩子的學習。

讓四、五歲的小朋友喜歡自己動手組裝、享受組裝積木的樂趣、製作壯觀場景的成就感以及持續強化手指操作的能力，是最重要的。在幼稚園大班階段，可以開始試著提升積木作品操作上的難度，使用機械類的積木零件，例如齒輪、滑輪之類大積木零件，從情境式的積木堆砌，慢慢開始接觸生活中的簡易用品組裝。在這過程中，可以學習和精進操作技巧，也能夠逐漸進入探究作品運作時的因果關係、觀察問題、解決問題的學習領域。

 幼兒的機械積木創作：幼兒攪拌機

40 怎樣才算是能攪拌的構造？圖中右側和左側的結構，哪一種比較適合攪拌碗中的豆子？

41 圖中手指頂著的黃色零件位置，可以讓人較方便轉動攪拌機。

42 怎樣才能不用一直拿著？幫攪拌機增加一個底座。

43～45 怎麼保持平衡？試試各種不同的底座及攪拌臂擺放位置（重點是盡量讓前後方的重量平衡）。

46 47 怎麼調整才能剛剛好攪拌到碗中的豆子？將支架改良成中空的，如此就可以調整攪拌機攪動時的高低位置。

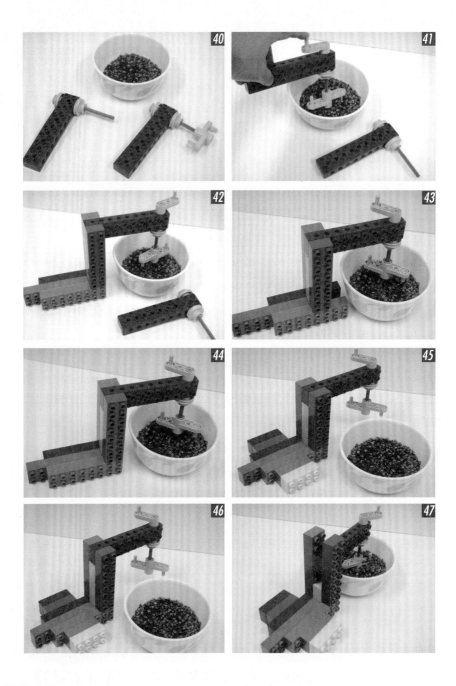

越疊越成材

積木上的教養課：**毛毛老師這樣說**

　　大人可能會認為小朋友用大顆粒積木太簡單、沒有挑戰性，想讓小孩早一點接觸小顆粒積木，其實沒有必要。如果四、五歲的孩子小肌肉力量還不夠時，就讓他們用小積木來堆砌，孩子可能會把玩積木過程中的拆拔當作是件苦差事，反而不喜歡玩了！

Lesson *9*

從玩積木中發覺並善用孩子的先天優勢

各式各樣的才藝課程，到底哪些適合孩子？相信這是許多家長都遇過的問題。人不可能十八般武藝樣樣俱全，一定有天生比較擅長或是相對較不足的，及早發現孩子的先天優勢，讓他在能發揮所長的領域持續學習，對於蓄積未來的能量與確立發展方向都有很大的助益。

　　孩子在初等教育階段學習的課程，都可以稱為基礎課程。這些基礎課程包含了未來職場所需的各種專長及人格特質的奠定，小朋友在幼稚園或是國小階段，可以多參與不同性質的才藝學習，透過這些不同的課外活動，及早發覺孩子的潛能或是優勢所在。

　　因此，啟蒙孩子學習的引導老師扮演著很重要的角色，學習一項技能的過程，可以因此變得活潑有趣，也可能因為引導方式不得宜而變得枯燥乏味，關鍵就在指導者與學生的互動和帶領方式，是否能夠讓學生產生學習的興趣。

　　在某方面有專精的家庭，孩子自然會有來自父母的遺傳，再加上後天因素，家長對於自己的專長領域較能提供孩子適當的學習環境，如此就有機會讓孩子在本身優勢與擅長的條件下持續發展，進而有機會成為興趣，甚至以此專長或人格特質學以致用，能夠在職場上做自己有興趣或喜愛的事，是人生一大幸福。

　　但是，不見得每個人都有機會發現自己的個人特質或是先天優勢。以我自己為例，我從小就很喜歡飛機、汽車，生活中的交通工具總是能夠吸引我的目光。小時候我家附近有一間文具模型店，店門口的櫥窗放了大比例的航空母艦和哈雷機車模型，每次

經過，總會在那駐足個二、三十分鐘。有了第一盒積木後，除了將原本設計好的作品仔細完成一次，拆光零件重新創作，更是樂趣的來源。現在想想，自己也許真的天生就擁有對於立體物件的敏感度。

什麼是對立體物件的敏感度？我想，這是一種在堆砌積木過程中，能夠判斷比例、大小、線條流暢度、深度、厚度等條件，以及在堆砌積木時的反應速度和創作的真實度，這種能力可以提升積木作品的視覺合理性，以及創作的速度，如果在製作過程中出現了不小心的失誤，也容易及早發現並修正。另外，有些人個性比較感性，很容易對周遭的人事物有所感觸。有時在堆疊積木作品時，這些對人事物產生的感覺，也是創作靈感的來源和必要的情緒。

這個先天的優勢，讓我在堆砌積木時比較得心應手，再加上我喜歡多看生活中的立體物件，就有很多的資料影像畫面儲存在記憶中。

有興趣才會有敏銳度

我並不知道我的父母親是否在這方面也有相同的敏感度，或許有，但是在他們的成長環境和年代，不一定有機會激發自己的潛能或先天優勢。不像現在的小孩有許多機會學習各種不同類型的才藝或是技術，並培養多元的興趣。

然而，現在的家庭幾乎只有一、兩個孩子，家長也很少有機會與其他孩子比較，我所說的「比較」是指孩子的某些能力，是

否超越同年齡其他孩子許多？也有可能是孩子或許在某方面有不錯的反應和表現，但家長可能以為這是同年齡孩子普遍的水準，而忽略了「重點培養」和「提供相關環境」的成長機會，實在可惜！

　　另外，不是每個家長都剛好能將自己的潛能實際應用在生活中或工作上，進而提供孩子能發揮所長的環境，而且，很多的潛能優勢，有時其實是適時的被某種情境給激發出來的，所以毛毛老師建議家長在孩子國小階段，可以盡量從校內或校外的課程中，透過經常跟老師溝通，以及從生活中觀察，孩子是否有將學習的相關內容自發性的運用在生活中。

　　若讓孩子學畫畫，而他永遠只有在上課時才畫；學了鋼琴，卻只有父母喊了才去彈，基本上就不需要太執著了，因為孩子可能真的「沒興趣」「沒感覺」「沒熱情」或「天生不擅長」，除此之外，也有可能是老師不會啟發孩子所造成的。

　　在自己擅長或是感興趣的領域中學習，才能獲得更多的肯定和鼓舞，不太需要家長太過介入，孩子便能自動自發的表現於生活中。不論是學習哪種才藝課程，老師不僅僅該說明這堂課的教學重點，更重要的是，必須和家長分享孩子在學習過程中所展現出來的人格特質。以一堂用積木堆疊摩天大樓的課程為例，老師提供各種穩固堆砌的方法是「教學內容」，而孩子的理解力、操作是否細心很少出錯、是否能主動解決問題、是否會協助落後的同學、在積木結構上的創意發想表現出色、不怕麻煩、喜歡嘗試不同的方法、表達能力很好（因為要介紹自己的設計）等，以上

都是屬於「學習過程所展現的人格特質」，將這些學習狀況與家長分享其實更為重要，因為這些都是孩子在學習過程中所展現的優勢，家長了解孩子的個人特質，才容易集中資源，給予適當的學習環境和適時的協助。

　　而且，老師因為較有機會長時間指導年齡相近的學生，長久下來，也較能掌握孩子在某個年齡層應該有的表現水平，有時比家長更容易看出哪些學生在年齡相近的同儕中，表現較為優異。同樣的，若孩子的表現相對較為落後，也該及時與家長討論，調整並修正學習的方法，讓孩子有進步的空間。

積木上的教養課：**毛毛老師這樣說**

　　不論是學習哪種才藝課程，老師不僅僅該說明這堂課的教學重點，更重要的是，必須和家長分享孩子在學習過程中所展現出來的人格特質。家長了解孩子的個人特質，才容易集中資源，給予適當的學習環境和適時的協助。

Lesson 10

透過玩積木調整孩子的
個性與習慣

很多父母讓孩子補英文、補數學，除了提升自我能力外，也因為這是學校課程中的科目，在升學過程中更是扮演了重要的角色，因此補習的成效很容易在學校或是升學考試中反映出來。台灣積木操作教育的推廣已有15到20年左右，學積木的普及性也越來越高，但是仍有些家長在詢問課程及報名時，還是會期望積木課程對孩子數學、自然科學，甚至物理等科目有直接的幫助和回饋，因為家長們不想「浪費」時間和金錢在沒有目的的學習上，而所謂的不浪費，其實就是期待學習效果能夠從考試和升學成果中反映出來，其實這種觀念應該適度調整。

　　操作積木並不像學習英文文法或是死背數學公式，當下記得了就是學到了！唯有長時間的經驗累積，作品和成果才會令人驚豔，也才能進一步建立待人處事的態度。

　　毛毛老師對於自己的孩子接觸積木、玩積木，跟著爸爸上積木課，只有一個期望，就是希望他能夠養成動腦筋的習慣，並學會思考。我認為「有想法」是人活著最重要的價值，沒有想法的孩子，會讓父母擔心一輩子，卻又不可能一輩子為他擔心；有想法才有機會走自己的路，沒想法永遠只能走別人走過的路。但可悲的是，現在很多孩子缺少想法，所以欠缺解決問題的能力與發想的創造力。操作積木能讓孩子不斷的發想，藉由長久操作積木養成思考的習慣。當孩子玩積木或是跟老師學組裝積木時，腦袋要不斷思索零件在作品中的「合理性」，所以讓孩子玩積木的目的，並不是直接讓孩子的數學或是自然科學考試成績變好，而是藉由操作積木的過程建立思考、判斷、分析、解決問題的習慣和

態度，這些態度上的培養和建立，有助於相關科目的學習。另外，堆砌積木也是一種藝術的呈現方式，可以提升孩子對於三度空間的鑑賞與執行能力，但是必須持續才能有所進展。在許多行業中，如工程、建築、空間設計、造景……等，都必需有三度空間的敏銳度才能勝任。

玩積木讓孩子更細心

　　態度和習慣的建立需要花時間，無法立即見效，卻足以影響孩子一生。專業固然非常重要，但是態度的重要性更勝於專業。很多家長常說，我的孩子很聰明，但就是粗心，每次考卷發回來，很多題目明明都會，卻還是錯一大堆，探究原因不外乎是粗心、題目沒看清楚就做答、單位寫錯、多一個零、少一個零……等。因此我也常跟家長分享，聰明的人不如心思細膩的人，若總是在考試或關鍵時刻因為分心、粗心讓自己錯失機會，無論多麼聰明也是枉然。

　　另外，比起聰明，態度和某些特質，有時反而才是決勝負的關鍵。有一年，我帶了兩隊國小選手，在台灣取得世界機器人大賽的參賽資格。這兩隊的孩子都很聰明，也都很會思考，都具備了比賽選手必備的特質，但是兩隊在練習的過程中，便很清楚發現，其中一隊在模擬競賽中總是略高一籌，因為他們是屬於「耐力型」的選手，無論競賽時間多久，他們的專注度並不會因而分散或減弱，相較之下，毅力和續航力不夠的選手，最後往往會敗下陣來，不是因為他們頭腦比別人差，而是輸在耐力和持續的專

注力。

　　若能建立孩子在待人處事上的好態度，並且養成他思考的習慣，成為有想法的人，再加上毅力和堅持，這樣的孩子便能讓家長放心，也較有機會走出自己的一片天。

　　身為積木老師很愉快的一點是，可以在孩子操作積木的過程中，看出他的個人特質，不僅使我更認識孩子，了解他的優勢和缺點，並協助他截長補短更了解自己，並適度調整和改善。我們也很容易從孩子的積木操作過程中，看出他觀察事情的細膩度和角度、尋找關鍵點的能力、粗心或拘謹、是否熱衷投入、是否擅長表達、對空間感是否敏銳、是否有執行能力、是否有耐心……等。

　　很多家長會期望孩子因為上了積木課而變得專心一點，或是改掉粗心大意的毛病，其實孩子在課程中的表現，已是不容易改變的個性和習慣，不是靠一週一次、兩次的積木操作課就能解決的，但我們可以透過積木的操作課程，發現孩子需要調整的生活習慣或是個性。以粗心來說，粗心的源頭，可能是因為過於急躁、太有自信、容易分心等。針對問題的根源，從生活中去改善，適度領著孩子放慢腳步，不要因為粗心造成時間的浪費和損失，或是鼓勵並提醒孩子有自信固然很好，但過度自信容易讓我們忽略了什麼。這樣的協助，不能只靠課程或老師來傳達，而要將改善的方式「時時刻刻融入孩子的生活中」，也需要家中成員、其他課程的老師共同配合，才有可能漸漸將孩子較負面的習性，調整到理想狀態。

積木上的教養課：**毛毛老師這樣說**

　　讓孩子玩積木的目的，並不是直接讓孩子的數學或是自然科學考試成
績變好，而是藉由操作積木的過程建立思考、判斷、分析、解決問題的習
慣和態度，若能建立孩子在待人處事上的好態度，並且養成他思考的習
慣，成為有想法的人，再加上毅力和堅持，這樣的孩子便能讓家長放心，
也較有機會走出自己的一片天。

從積木操作過程觀察孩子的特質

國小階段的孩子在操作積木的時候，家長和老師可以從旁觀察孩子操作時的特質，看看孩子是否在生活中也有類似表現或傾向；針對表現得不錯的部分，可以在生活中提供更多的環境與機會，讓孩子發揮所長，進一步培養、建立個人的興趣與未來的專業。

　　對於表現較不理想或是較弱的部分，可以觀察孩子是否在面對其他事情時也有同樣的狀況，利用方法，在生活中慢慢讓孩子調整和修正。例如個性急躁造成的粗心，有可能是習慣或是個性所致，但也有可能是生理問題的影響，嚴重的話甚至可以請專業醫師評估。如果純粹是因為個性或是習慣所造成，就得時常叮嚀孩子，溝通正確觀念，讓他自我體悟和感受急躁的缺點和影響，並自我提醒。這種改變並非單靠積木操作課程老師的提醒就能調整過來，而要靠長時間的努力，加上父母與師長共同協助，才有可能在一段時間後逐漸改善。

　　以下列舉一些孩子在操作積木時可能出現的操作特質或反應。

一、疊出來的積木作品總是鬆垮垮的，每個積木之間都沒有壓緊

　‧孩子有可能是個性很急躁，隨便疊一疊。

　‧也有可能是小肌肉力量不夠。

　‧操作時施力不平均、壓緊的動作不夠確實。

為弱勢孩子
點一盞學習的路燈

——理事長 吳念真

為了孩子藝術的第一哩路
我們走遍台灣各地鄉鎮
讓文化刺激沒有城鄉差距
之後我們承諾繼續創造歡笑
給全台灣的每一個孩子
但是 在巡演的過程中
我們驚覺
許多偏鄉弱勢的孩子
在下課之後
沒人關心他的學習和功課
漸漸的
他 跟不上老師的進度
孩子再也沒有學習的意願了
受教育變成痛苦的事情

讓我們來提供一個長期深耕的協助
點亮這些孩子未來的希望
讓孩子在放學後
有個溫暖的地方
等待他放學
陪伴他學習
分享他的喜怒哀樂

懇請您加入 **「免費課輔──孩子的秘密基地」** 專案，
讓孩子們在學習的道路上，有您陪伴，不再孤單。

中華民國快樂學習協會

社團法人中華民國快樂學習協會【孩子的秘密基地】
信用卡定期定額捐款單

請將此單填寫後傳真到（02）2356-8332，或是利用右方 QR Code 直接上網填寫資料。謝謝！

捐款人基本資料
捐款日期：_____年_____月_____日
捐款者姓名： 是否同意將捐款者姓名公布在網站 □同意 □不同意（勾選不同意者將以善心人士公佈）
訊息得知來源： □電視／廣播：_____ □報紙／雜誌：_____ □網站：_____ □親友介紹　□其他：_____
通訊地址：□□□ – □□
電話（日）：____ – _____　電話（夜）：____ – _____
行動電話：
電子信箱： （請務必填寫可聯絡到您的電子信箱，以便我們確認及聯繫）

開立收據相關資料
因捐款收據可作抵稅之用，請您詳填以下資料，於確認捐款後，近期內將寄發收據給您。本資料保密，不做其他用途。
收據抬頭： （捐款人姓名或欲開立之其他姓名、公司抬頭）
統一編號： （捐款人為公司或法人單位者請填寫）
寄送地址：□ 同通訊地址　□□□ - □□ （現居地址或便於收到捐款收據之地址）

信用卡捐款資料
□ 孩子的秘密基地專案　每月 3,000 元　　□ 陪伴專案　每月_____元
捐款起訖時間：____月____年到____月____年
★持　卡　人：_____ ★發卡銀行：_____ ★信用卡卡別：_____
★信用卡卡號：_____
★有 效 日 期：____月____年　★持卡人簽名：_____（需與信用卡簽名同字樣）
★信用卡背面末三碼：

社團法人中華民國快樂學習協會

100 臺北市中正區重慶南路二段 59 號 5 樓　電話：（02）3322-2297　傳真：（02）2356-8332
官方網站：http://afterschool368.org　E-mail：service@afterschool368.org
FB 粉絲專頁：https://www.facebook.com/afterschool368

二、 為什麼動作總是那麼慢？

· 沒想法，不知道下一步要放什麼零件，在生活中沒有思考和想像的習慣。

· 想太多，每個零件都想用，個性比較舉棋不定。

· 不夠細心，老是花時間在將裝錯的東西拆下來，這是沒有先思考清楚的習慣所致。

· 個性拘謹，放不開，太在乎別人的眼光，怕做得不好被同學取笑。

三、 按照積木組裝範本操作時都沒有出錯，速度很快

· 平面圖像與立體連結的轉換能力不差。

· 觀察夠細膩，可以快速看出圖中的組裝關鍵位置。

· 手很靈巧。

四、 時常說：「我做完了，可以拆了嗎？」

· 執行能力好，但缺少熱忱和熱情。

五、 時常反映：「我不會」或是「好難」

· 可能平時已習慣有人協助或幫忙。

· 個性比較懶散。

· 有排斥自己解決問題的傾向。

六、 機器運作得不順

‧ 組裝粗糙，不夠細心。

‧ 缺乏探究問題根源的態度。

‧ 缺乏主動觀察和判斷的能力。

七、 很喜歡介紹自己的作品

‧ 有自信。

‧ 有熱忱。

‧ 善於表達。

‧ 喜歡分享。

‧ 個性開朗大方。

八、 喜歡增加零件，豐富作品可看性

‧ 有創意。

‧ 有想法。

‧ 有熱忱。

　　如果家裡有積木零件，可以讓孩子觀察下圖中的結構，請小朋友製作圖中結構「對稱的另外一半」，來觀察孩子對於對稱形體的判斷與反應能力。如果都沒出錯，代表孩子對於實體在空間中和感受上的辨識能力不錯，這種能力可以讓孩子日後勝任很多需要空間或是立體造型設計的工作，例如機械、建築、室內空間、商業空間、產品造型等領域。

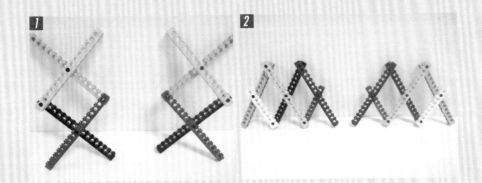

![Sample] **伸縮構造一**

1 可以伸縮的積木結構。可以遮住其中半邊，請孩子組裝出「對稱的另一半」。請注意，是「對稱」，不是「一模一樣」。嚴格來說，包括顏色的對稱性都必須呈現出來。若手邊沒有和圖中相同顏色的積木，至少要達成「上層下層，凸豆方向」的對稱性。

![Sample] **伸縮構造二**

2 挑戰難度提升的伸縮結構。同樣遮住其中半邊，讓孩子組裝出對稱的另外一半。如果孩子能正確快速完成，代表他對實體空間感受的辨識能力不錯。

積木上的教養課：**毛毛老師這樣說**

　　國小階段的孩子在操作積木的時候，家長和老師可以從旁觀察孩子操作時的特質，看看孩子是否在生活中也有類似表現或傾向，並利用方法，在生活中慢慢讓孩子調整和修正。

積木動起來！
孩子最好的科學老師

玩積木、疊積木大家都不陌生，但是積木的發展，早已從最早期的木頭積木，僅能「往上放」，並僅止於積木跟積木「接觸」，進化到能夠互相固定，讓玩積木的人組裝出各式各樣的靜態作品，後來更發展到用零件來組裝出生活中各式各樣的「設備、結構、機具、裝置」。組裝各種實體時，所用的零件，我們也統稱為積木，這些積木其實就是在原來靜態積木的「磚、橫桿（類似建築的鋼樑）、平板（如木板）」上，設計很多洞孔。在一般造型的積木零件上設計洞孔，就能夠插入棒狀的零件，我們稱之為「軸」。再加上生活機械構造中的「齒輪、滑輪」等積木零件，使得玩積木這件事更有趣，也更富變化。疊積木不再只能疊疊房子或是靜態作品，而是能夠製作手動，或是加上電池馬達後可以驅動的生活結構、用品、工具，來與機械接軌。

一般積木零件和機構類積木零件

1 幼兒使用的大顆粒積木零件。黑線左側為機構類積木零件（含幼兒使用的大齒輪零件），右側為一般堆砌積木零件，皆適用於幼稚園兒童。

2 小顆粒的一般堆砌零件（約七歲適用）。

3 適合國小學童（約七歲）操作的機構積木

零件。大多機構類的積木零件上面會有洞孔，這些洞孔可以插上軸承，安裝各類齒輪、滑輪，來驅動製作出來的動態作品。

　　動態積木的製作，比起靜態堆疊更富趣味性和挑戰性。一般人在生活中，已非常習慣「使用」各種物品，但卻往往對我們所使用的東西缺少了解與認識實在可惜，因為我們從這些習以為常的用品、工具、設備、器具、家電甚至是交通工具上，其實都可以得知許多「生活小知識」。有些與簡易的物理觀念有關、有些和結構設計有關，這些概念其實很多都是基礎常識，但由於一般人在生活中沒有探究和想要了解的習慣，因此失去了很多隨處可學的機會。

　　動態的積木產品一般在知名大型玩具賣場、百貨公司玩具部都可以找到。在產品外觀上會有清楚的動態積木識別，或者用文字及電動圖示標示。另外，也可以在網站上搜尋「動態積木」「電子積木」「科學積木」等關鍵字，當然更可以去積木教室詢問動態積木產品的相關資訊。

　　一般來說，市面上販售的動態積木產品，建議使用的年齡會略高於一般靜態積木，原因如下：第一，動態積木產品需要精細和精準的組裝定位，且大量增加了插拔與調整式的組裝，並非只是一般的堆疊式組裝而已，這種積木玩法需要有穩定的組裝能力，才能呈現出理想的動態效能。第二，既然是可以動的積木，不像靜態積木作品，只需注重外觀造型和堅固度，在組裝完成後的操作過程中，需要測試動態的效能，測試時若動得不順暢，很少是因為產品品質不佳，絕大多數都是因為組裝者的細膩度欠佳

所致。因此讓年齡大一些，具有基本的探知、排除問題能力的孩子來使用較為適當。一般來說，國小中、高年級以後，較能在動態積木的操作測試中，找出有可能造成效能打折扣的原因所在。當然，在操作領域中，縱使同年齡的孩子，組裝的能力也會有不小的差異。基本上，操作動態積木時，毛毛老師會建議家長陪玩。主要是因為家長對於「生活物件」的了解與認知多於孩子，至少可以跟孩子共同排除一些基本組裝不良所產生效能不彰的現象。

另外，動態積木的運作原理或多或少都與科學基礎知識有關，若要徹底了解動態積木中相關的知識，不外乎仰賴產品的手冊介紹，或藉由父母師長的協助。當然，在毫無援助的情況下，自己多玩、多做，加上自己喜歡，接觸久了大概也能「無師自通」，了解一些相關的基礎知識、因果關係或是來龍去脈。

簡單來說，想要熟能生巧，動手開始玩就對了！「玩中學」是越來越普及的觀念和趨勢，組裝動態積木時在錯誤中學習，更是寓教於樂的最佳方式！

動態積木的零件，除了讓作品的設計空間變大，也讓玩積木變得更具教育意義，其組裝和操作的過程中，多了很多靜態積木較缺少的「測試、替換、比較效能」的過程和機會，以下列積木作品來說明：

電動汽車雨刷

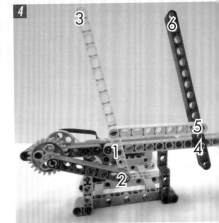

汽車雨刷的運作模式是「擺動」。大多數動態作品的動力來源都是一個轉動的馬達,如何將「轉動」的動作,透過各式各樣的積木零件,轉換為「擺動」?它是否應用了槓桿原理?我們可以改變它的擺動方式嗎?可以調整擺動的幅度嗎?可以將兩支雨刷增加為三支嗎?馬達轉動速度很快,如何利用零件調整出雨刷適合的運作速度?

■4 電動雨刷正面結構。將後方馬達的轉動,轉變為前方雨刷擺動的結構設計。圖中的1為白色雨刷的支點,2為施力點,3為摩擦玻璃清除雨水的抗力點。4為黑色雨刷的支點,5為施力點,6為摩擦玻璃清除雨水的抗力點。

■5 電動雨刷背面結構。圖中1為馬達。馬達轉動後,利用黃色橡皮筋驅動滑輪,前方的兩枝雨刷便會擺動。

■6 將圖中黑色雨刷的施力點改變到支點的下方後,雨刷的擺動方式有了變化!變成兩支雨刷都向內擺動。生活中也有些車輛的雨刷是向內側刷動的喔!

7 8 黑色雨刷的施力點距離支點較遠與較近的比較。施力點距離支點越近，雨刷的擺動幅度會越大。

9 10 增為三支雨刷。很多工程車輛因為玻璃面積較大，需要三支雨刷。可以藉由算出白色和黑色雨刷支點之間的距離，向右延長雨刷支架，在相同距離安裝第三支雨刷的支點，並使用如連結白色與黑色雨刷的1號黃色零件，用相同長度的灰色2號零件連結黑色和紅色（第三支）雨刷，三支雨刷就可以一起擺動囉！

11 黃色橡皮筋連結了馬達上直徑很短的灰色小滑輪，和較大的灰色滑輪。利用小滑輪驅動大滑輪，可以減慢雨刷的運作速度

12 如果將馬達上的滑輪直徑增大，變成兩個大小一樣的滑輪，再用黃色橡皮筋連結，如此就可以加快雨刷的運轉速度囉。如果雨勢很大，這樣的速度才能刷掉擋風玻璃上的雨水。

與槓桿原理有關的生活應用

撿起掉到大石頭下的硬幣（支點在中間的槓桿，怎樣會比較省力？）

13 要如何撿起掉到大石頭下的錢幣呢？大石頭、長棍子、支撐長棍子的石塊，三者的位置如何安排，才能省力的抬起大石頭，撿到錢幣呢？

14 圖中的積木結構是不是很像上圖畫出的情境呢？圖中1就是大石頭，長棍子和大石頭接觸的位置也就是抗力點；2就是石塊，是支撐長棍子的支點；3則是長棍的施力點。

15 將支撐長棍子的支點遠離大石頭，而更靠近施力的位置，這樣向下施力時會更省力還是更費力呢？你可以自己試試看喔！

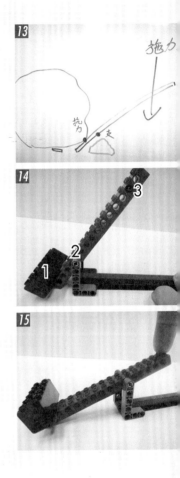

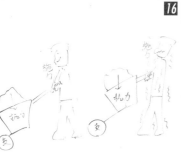

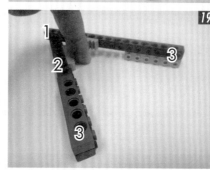

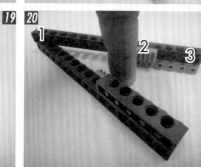

獨輪推車、蟹殼鉗（抗力點在中間的生活應用如何省力？）

16 此為工地常看見的獨輪推車，圖中左邊的貨斗距離手的施力處較遠，右邊貨斗距離手的施力處較近，哪一種比較省力？

17 18 用積木製作的獨輪手推車。1為支點，2為載貨的抗力點，3為抬起推車的施力點。前者的貨斗很靠近車輪，遠離施力，這樣比較輕鬆？還是後者貨斗遠離車輪，靠近施力比較輕鬆？可以放一些電池搬運測試看看！

19 20 蟹殼鉗。圖中1為支點，2為夾蟹殼處的抗力點，3為用力的施力點。夾蟹殼處的抗力點要接近支點1，還是接近施力

點3，才會比較省力呢？

掃地、釣魚（施力點在中間的生活應用）

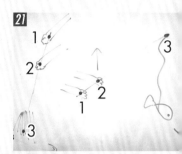

21 圖中左邊是手握掃把掃地的情形，右邊是手握釣竿釣魚的情形。1都是支點，2都是施力點，3都是抗力點。你可以試試看，掃地或是抬起釣竿時，哪一隻手才是真正大量施力移動竿子的手，而另一隻手的作用就是好好的支撐著掃把和釣竿。地上的垃圾、爛泥，與想要游回大海的魚都在和你的施力對抗。

電動門的移動

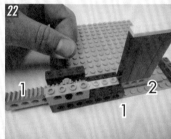

如何將馬達的轉動變成門的水平移動、如何調整門的運作速度、門要如何防夾和順利的滑動？

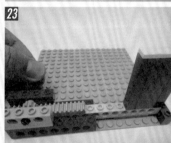

22 23 用手轉動黑色軸後，在軸上的灰色齒輪就會在1號齒條零件上滾動，如此就可以將轉動變成左右的水平移動了。2號平滑的灰色零件則讓門在左右移動時更順暢。

24 利用電動的方式驅動滑門，圖中藍色橡皮筋上方的灰色滑輪和下方的黃色滑輪，如果位置對調，電動門移動的速度會改變喔，試試看是變快還是變慢？另外可以測試一下，讓自己的手指被門夾住，看看機器會不會壞掉，或是手指會不會很痛？如果機器沒壞，手指只是輕微感覺被壓住，是為什麼？關鍵就

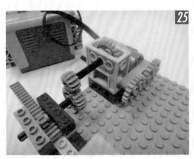

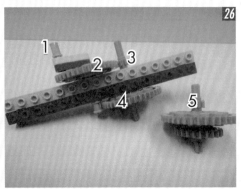

在動力傳送的過程中，「橡皮筋」幫的忙！當結構運作時，若是不小心發生夾住或是卡到物品的意外，橡皮筋與滑輪的傳動方式可以流失掉部分的動力，讓結構不至於解體，或是讓被夾住的人受傷程度減輕！

25 如果將上圖中的藍色橡皮筋、紅色橡皮筋和滑輪全部移除，並換上圖中的灰色齒輪，在整個動力傳送過程中，不再用任何的橡皮筋與滑輪來傳送動力，取而代之利用齒輪組來傳送動力，這時如果發生卡住或是夾住東西的情形，機器損壞或是人受傷的程度會加重。

用積木打陀螺

如何提升陀螺的轉速、如何驅動陀螺？

26 圖中1可以用手指捏著快速的轉一圈，就可以驅動圖中2號的40齒的齒輪，它會再驅動3號的8齒齒輪。當40齒齒輪轉動一圈時，銜接的8齒小齒輪就會快速的轉動五圈。此時，在這個8齒齒輪下方，4號的40齒齒輪，由於和3號8齒齒輪在同一根軸

上，因此它也同樣轉動了五圈。若是將陀螺上5號的8齒齒輪和4號齒輪銜接，5號的8齒齒輪，也就是整個陀螺所轉動的圈數是？答案是25圈！也就是，當1號的米色零件轉動一圈後，陀螺已經快速的轉動了25圈。利用大小齒輪不同的搭配，可以增快或是放慢轉動速度。

汽車的四輪傳動

汽車四輪傳動的需求為何？如何利用積木設計出四輪傳動構造？

27 圖片中央的綠色齒輪動起來後，所有車輪都會往同一個方向轉動。四輪傳動的設計可以讓車輛移動更順暢，尤其是在崎嶇或是某個車輪失去抓地力的路況下，車輛依然能保有行駛的能力；如果是兩輪傳動的車子，四個車輪中僅有兩個車輪負責移動車子，若是這兩輪或是其中一輪陷入泥沼中，抓地力大大減低，這時車輛就很難脫困。但是四輪傳動的車輛，每個車輪都有移動力，因此可以在車輪抓地力減低的情形下，保有脫困和移動的能力。四輪傳動車成本較高，價格較貴，耗油也較大。你可以自己製作一台積木的四輪傳動車，加上馬達後，撒一些積木當作凹凸不平的路面，測試一下四輪傳動車的行動能力。另外提醒大家，用直徑大一點的車輪來製作四輪傳動車，可以減低車輛底盤摩擦崎嶇路面的情形喔！

27

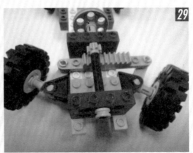

車輛的轉向系統

如何透過方向盤協助前輪轉向？

28 圖中1為方向盤，方向盤轉動後帶動2號小齒輪，小齒輪滾動時驅動3號齒條，就能達成前輪轉向的目的。圖中4、5、6、7的位置，在車輛直行時，構成了一個長方形。

29 當車輛轉彎時，4、5、6、7就構成了一個平行四邊形。在轉彎時，你知道左右兩側的車輪轉動速度是不同的，圖中車輛前進時，左右兩個車輪，哪個快哪個慢？

汽車為什麼要換檔？

什麼是一檔、二檔、三檔？換檔可以改變什麼？

小朋友應該聽過汽車有排檔桿，也聽過變速腳踏車。變速腳踏車在腳踏板和後車輪都可以看見大大小小的齒輪排列在一起，騎腳踏車爬坡時，或是在平地上競速，到底應該要如何變換齒輪，才能讓車輛發揮最好的效能？

車輛在剛起步或是爬坡時最費力，而汽車的排檔桿也就是在

變換車輛齒輪箱中的齒輪大小組合,以上圖中的積木變速箱,可以測試不同大小齒輪組合時,車輪速度和力量的變化。

30 圖中1號黑軸上由左而右依序有小、中、大三個齒輪,這三個齒輪都直接被3號馬達所帶動。圖中藍色零件上方的所有齒輪,可以當作是車輛的變速箱。中央黃色零件和右方紅色零件之間當作是駕駛座旁排檔桿的位置。圖中最右方的車輪就是車輛的輪胎。請觀察目前變速箱中,哪兩個齒輪互相碰在一起?這就是目前的一檔,由上方的小齒輪去驅動下方的大齒輪。這樣的齒輪組合速度很慢,但優點是起步和爬坡時都很有力。如果要用一檔在高速公路上從台北開往高雄,花費的時間太長,而且會被警察取締,因為車速太慢。在圖中一檔的狀況下,用手努力嘗試抓住車輪,你就能感受到一檔的威力。也會發現車輪運轉的速度真的很慢!

31 圖中變速箱的位置換成中央兩個大小相同的齒輪互相銜接,這是汽車的二檔。在二檔時,車輪的轉速變快。再嘗試用手抓緊車輪會發現,雖然車輪的轉速提升,但是力道卻開始減低。

32 圖中變速箱的位置變成上方的最大齒輪和下方最小齒輪相互銜接，這就是三檔。車輪的轉速明顯更快，但是只要使出一點點力就可以用手指抓住車輪，車輪就立刻無法轉動了！所以起步和爬坡時，車輛一定要用小齒輪帶動大齒輪的一檔，也就是低速檔。雖然速度不快，但卻非常有力。等車輛的速度逐漸提升後，就得持續提升檔位，將變速箱中的齒輪逐漸轉為速度較快的齒輪搭配，但在這過程中會逐漸失去力量。至於其中的現象和原理，很多書籍或網路上都可以找到相關資料。你是否發現，用積木來學習生活中的基礎科學知識，輕鬆又容易！

挖土機鏟土的動作

如何安排第一節鏟土臂、第二節鏟土臂與鏟土斗，如何調整每一節的擺動幅度、空氣管線要如何銜接？

每個人都看過挖土機，而且挖土機很酷，如果有機會我也想開開看。挖土機的鏟土臂可以分成三段，第一段位於駕駛室旁，負責承擔整個鏟土臂以及挖土後的重量，因此真正的挖土機在第一節鏟土臂的兩側各有一支油壓缸來驅動鏟土臂。第二節的鏟土臂會與第一節相接，再藉由第一節鏟土臂上方的油壓缸來驅動第二節鏟土臂的擺動。最後就是負責鏟土的鏟土斗，藉由第二節鏟土臂上方的油壓缸來驅動鏟土斗鏟土與倒土的動作。

我的製作方式是在網路上找一些各個角度的挖土機圖片，仔

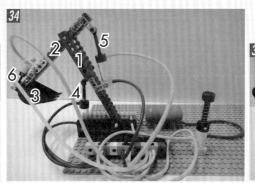

細觀察鏟土臂的構造與動態的接點，就可以很輕鬆的用氣動積木套件模擬出挖土機的鏟土臂構造。

33 圖中是氣動積木套件的關鍵零件，由右至左為打氣筒、藍色的儲氣瓶（儲存空氣）、空氣閥門（簡稱「氣門」，控制空氣的流向）、氣壓缸（利用空氣推動氣壓缸中的活塞桿，來驅動機械裝置）

34 圖中1為第一節鏟土臂，2為第二節鏟土臂，3是鏟土斗，4是驅動第一節鏟土臂的氣缸活塞桿伸出來的情形，5是驅動第二節鏟土臂的氣缸活塞桿伸出來的情形，6是驅動鏟土斗的小氣缸活塞桿伸出來的情形。圖中共用到三個氣壓缸，每個氣壓缸中的活塞桿都是被空氣推伸出來的，因為三個氣壓缸都有必要各自獨立運作，因此需要三個獨立的氣門，可以個別控制需要活動的部分。

35 圖中三個氣壓缸的活塞桿全部被空氣推回氣壓缸底部，可以清楚看見第一節、第二節和鏟土臂的位置都不同了。在這三節可以擺動與活動的部分，都有槓桿原理的存在喔！找找看支點、施力點和抗力點的位置在何處？

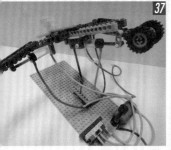

飛機起落架的運作

此為槓桿原理的應用嗎？空氣管線要如何銜接？

飛機的起落架，也就是機輪，非常的重要，無論是起飛或是降落時都需要它，但是當飛機起飛後，就會將起落架收進機艙中。否則會增加飛機飛行時產生的空氣阻力，如此會延長飛行時間，也會消耗更多燃油，因此要將起落架收回機艙中，等快降落時再伸出機艙外。

同樣的，飛機起落架也是利用氣壓缸活塞桿推拉產生移動，也可以在起落架的活動過程找出槓桿原理的位置。但是在飛機起落架上氣壓缸的管線設計，僅僅只需要一個氣門，同時將藍色瓶中的壓縮空氣一次送給三個氣壓缸，並不像挖土機的例子，每一個氣壓缸都需要一個獨立的氣門才能分別控制。飛機的起落架不適合一個接著一個伸出機艙外，而是同時伸出同時縮回機艙，所以不同的需求就有不同的空氣管線配置法。

36 所有氣缸中的活塞桿都縮回氣缸中，就可以將起落架拉下，讓飛機處於準備降落的狀態。

37 所有氣缸中的活塞桿全部都伸出來，就可以將起落架推回機艙中。可以明顯看出，此時飛機所有的機輪都無法接觸地面，這就是將機輪推回機艙的狀態。

飛行模擬器

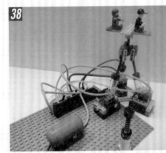

如何運用汽壓缸中活塞桿的伸縮，達成飛機不同的飛行角度與姿勢？

飛行員要駕駛飛機之前，一定要經過嚴格的飛行訓練，不可能一開始就讓飛行員用昂貴的真實飛機實際演練，而是透過飛行模擬器，讓飛行員駕駛假的飛機，並且透過操控模擬各類型的飛行狀況。雖然一般人不太可能有機會體驗駕駛飛行模擬器，但是應該有很多大小朋友玩過「動感電影院」，體驗過身歷其境的刺激感。當我們看著前方螢幕中的情境，座位就會同步呈現出和情境吻合的動態感。大家知不知道為何座位會有各種角度？其實在位子下方就有很多類似氣壓缸的裝置，不斷的伸縮氣壓缸中的活塞桿，拉扯座位下方，使我們可以感受到座位有不同角度的姿態。飛行模擬器也是相同的原理。然而因為飛行時會產生各種不同的飛行姿態，所以控制飛行模擬器下方的每個氣壓缸，都必須是獨立控制的，就像挖土機的三個氣壓缸一樣。

38 三個氣壓缸的所有活塞桿全部伸出來，飛機就會處於高處飛行的狀態。

39 三個氣壓缸的所有活塞桿全部縮回氣壓缸中，飛機就可以模擬低空飛行的狀態。

40 僅有前方一個氣壓缸的活塞桿伸出，後方

兩個氣壓缸的活塞桿都沒有伸出來，飛機就可以體驗爬升的飛行狀態。

在前面的積木動態作品中，有些在製作上有別於靜態積木作品所需要注意的細節：凡是動態的作品，務必降低不必要的摩擦，因為這些摩擦都是運作時的阻力。阻力一增加，縱使我們使用新的電池去驅動，還是會運作得不順暢。另外，零件老舊變形、積木沒壓緊、沒蓋好，造成軸穿進兩個孔位時，兩個孔位的位置有落差、應該活動的零件位置組裝得太緊等，這些都是造成運作效能大大降低的原因。以下分析幾種運作不順暢的狀況：

組裝太緊

41 圖片中的黑色零件，都是動態積木作品上要負責轉動的「軸」，但是在紅色零件兩側的灰色積木零件，包括齒輪，都將紅色零件夾得太緊，因此會大大增加作品運轉時的摩擦阻力，而減低了動態的效能。

42 紅色零件兩側的灰色積木零件，已經稍微調整過，和紅色零件的距離稍微變大了，如此簡單的改變，就能大大提升動態積木運作的效能。

積木沒壓緊

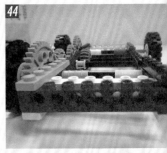

43 圖中，左右兩側上方的暗紅色和深淺灰色條狀積木，與下方兩側的黃色積木都有確實壓緊，和正中央的紅色零件緊密結合，如此可以讓圖片中所有橫跨左右兩側的「軸承」順利的運轉，將軸承穿越車身孔洞時產生的摩擦阻力也會較小。

44 圖中可以清楚看見，右側的暗紅色和下方黃色零件並沒有確實壓緊，這種情形會造成左右兩側的孔洞產生肉眼難以辨識的高低落差，而增加軸在動態運轉時的摩擦阻力，降低動態效能。

45 圖中的黑色軸無法對齊黃色的積木零件，代表黑軸不完全筆直，稍有變形。在製作動態積木作品時，會大量使用到軸零件，若是結構的傳動過程中，使用越多變形的軸，甚至只要是微量的變形，都會影響作品的動態效能。所以在動態積木的堆砌組裝上，要注意的細節遠遠超過組裝靜態積木作品。

動態的積木作品可以模擬出生活中大多數的結構，或是機械裝置。透過組裝過程，能夠拉近小朋友對於生活中很多設備原理的認識與了解，而不僅僅是在生活中「用它」。更能透過操作，了解它的基本運作原理。這一連串分析、觀察、判斷、找出問題、解決問題的過程，是動態積木課程帶給小朋

友最大的收穫。而這些能力與態度，更是立足社會與從事各行各
業都需要具備的。

積木上的教養課：**毛毛老師這樣說**

　　想要熟能生巧，動手開始玩就對了！「玩中學」是越來越普及的觀念
和趨勢，組裝動態積木時在錯誤中學習，更是寓教於樂的最佳方式！

Lesson 13

隨便疊不是創意！
創造力來自觀察

積木的操作課程雖然已日漸普及，但相較於音樂、舞蹈或美術，並沒有那麼普遍，這種創意課程，到底要如何帶領小朋友學習，才算是真正啟發了孩子的創意呢？

　　一位積木操作課程老師不能只負責「給主題」，告訴學生今天要製作什麼後，就讓小朋友自己開始，甚至因此宣稱：「都是他們自己想的，我都沒幫他們，所以他們非常有創意！」創意有一個很重要的條件：創意是可以被陳述的。也就是說，一個有創意的做法是可以讓原創者說出和介紹出自己的發想來源。所以老師必須了解學生對於作品創意的說法，身為操作老師要能夠分辨出真正好的發想。因此，並不是學生自發性做出來的都能稱為創意。以積木創作而言，創意除了可以表達和介紹外，還必須建立在堆砌的基礎技巧之上，而非沒技巧的亂堆疊。所以學生在表現堆砌的創意前，積木老師必須先提供主題作品所需要的堆砌基礎。

　　要在堆疊積木時發揮創意，基本上一定要多觀察生活中各式各樣的物品，再來就是看過之後，要有自己的想法。想創作一台積木車，必定因為喜歡車，因此在生活中就要時常注意、觀察車子的型態及外觀。將看到的影像和畫面一張張留存在腦中，當想要著手創作時，就可以從影像資料庫中調閱相關的聯結，而這些圖像的聯結就是積木堆砌創意的源頭。在累積了這些印象之後，才能開始進行創意的聯想與變化。

　　但絕大多數學生，除非自己非常有興趣，在來上積木課前就有這樣的習慣或嗜好，否則以我多年的教學經驗來看，多數孩子

並沒有觀察生活周遭各種物品的習慣，導致在堆砌積木需要創意的時候，腦海中沒有什麼印象與影像可供參考。這時，老師就必須將自己腦海中的影像資料調閱出來，畫在白板上，進行積木作品主題引導，好讓學生能夠聯結畫面和主題，開始創作。

積木創作前的說明示範如下：

1 要製作鑽洞機前，必須先讓學生認識鑽洞機的用途和粗略的樣貌。圖中可見必須使用鑽洞機在牆上鑿孔，才能安裝書架，鑽洞機的運作方式為轉動，而且力量要夠大，這些基礎都必須先讓學生知道。

2 用積木製作電動鎚前，要先讓小朋友知道什麼是電動鎚。比如要更換老舊的人行道地磚，就必須用電動鎚先將舊地磚震碎，才能重鋪水泥，再補上新地磚。而電動鎚的運作方式為何？機具前方像鉛筆的構造不是轉動，而是快速的上下移動達到震動的效果。如何利用積木來模擬快速的上下移動，是老師可以引導學生思考的問題。

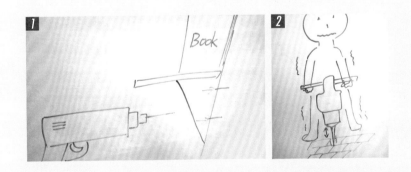

3 用積木製作樂團中鼓手腳下所踩的踏板，用來敲打中間地上的「低音大鼓」。因為鼓手不可能用手上的鼓棒彎下腰去敲打低音大鼓，所以除了手上握的鼓棒外，腳邊也有可以用來打鼓的工具。當鼓手腳踩下去並抬起來後，為何鼓槌會收回？擺動的鼓槌是否運用了槓桿原理？

另外，很多動態機構作品，不僅僅要求外觀型態，更重要的是內部動力構造的合理性，以及整體製作效能的完整發揮。要能達到這樣的動態創意，除了腦海中必須具備剛剛所提到的影像資料外，更要具有一些生活物理或是生活應用科技的基礎常識。這些動態積木創作的相關資訊，就成為積木操作老師在課堂中必須傳遞給學生的訊息，學生必須在這基礎之上製作和創作。比如學生疊一棟靜態的積木作品如「施工中的大樓」時，堆疊要堅固、要有支撐的結構、重心也要合理。堅固、支撐和重心這些是製作大樓的基礎，要先有基礎，才能延伸附加創意。

4 製作一棟施工中的大樓，怎樣才會堅固？先圍出搭建的範圍，不同顏色積木之間的「分界線」，就是在堆疊第二層積木時，要平均壓住的地方。

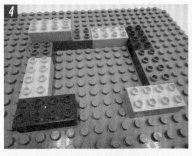

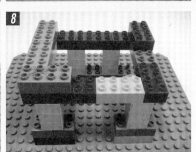

5 完成第二層積木，確實壓住第一層不同顏色積木的「分界線」。

6 為了營造出「施工中」的感覺，只用正方形小積木，同樣壓住第二層積木分界線，但是四根柱子的放置盡量「平均分散」，才能分攤上方結構的重量。

7 用紅色大磚塊，開始第一次整合四根柱子。

8 再用綠色大磚塊，第二次整合四根柱子。

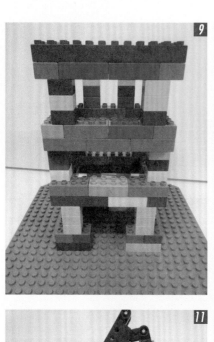

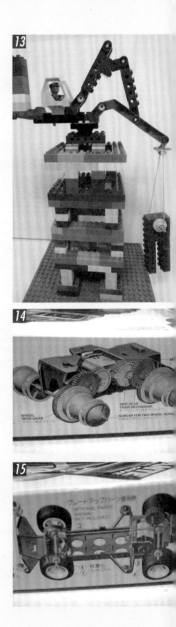

9 **10** 依照上述模式，持續向上堆疊，直到感覺「施工中的大樓」具備雛形。

11 **12** 在目前的頂樓製作一台大型起重機，才能將鋼筋和建材吊上頂樓，繼續蓋房子。但這時有個問題來了：要如何固定大型起重機的「吊臂」？

13 當吊臂吊起建築材料時，會不會因為材料太重，將起重機扯下樓頂？如果實際上發生這種事，真的太可怕了！該如何保持起重機的平衡呢？圖中，在起重機的後方增加了用來配重的積木，這樣可以平衡起重機前、後方的重量。

比如要用動態積木製作一台四輪傳動車，必須要對四輪傳動的配置有印象和經驗。若曾經玩過軌道四驅車，對於軌道四驅車的內部傳動構造有印象，這個傳動配置的方式就是製作該動態積木主題的基礎，也必須在這個基礎上才能開始進行創作。創作不是一朝一夕可成，因此老師千萬不要認為都讓孩子自己想，就算是提供孩子發揮創意的機會。

四輪傳動大腳車操作

14 四輪傳動大腳車的勞作，在盒子旁邊有結構可以參考，由此可以約略看出如何達到四輪傳動的目標。用積木將參考圖中的四輪傳動結構製作出來。

15 **16** 很多小朋友應該組裝過軌道四驅車，在

軌道四驅車的盒裝旁同樣有提供概略的結構圖示可以參考，圖中兩個橘色的齒輪稱為「冠狀齒輪」是不是很像皇冠？為什麼這兩個齒輪要相反安裝——一個齒痕面對我們，另一個背對我們，為何不能將齒痕都放置在同一側呢？

17 用積木模擬出大腳車的四輪傳動模式。

以上兩種不同的方式都可以達成四輪傳動的目標，還有其他方式嗎？當然還有「非常多種」！

積木上的教養課：毛毛老師這樣說

創作不是一朝一夕可成，因此千萬不要認為什麼都讓孩子自己想，就算是提供孩子發揮創意的機會。

打破「不會才要學」的迷思

跟著老師一起玩積木，不一定是因為你不會，而是你可以跟著一位經驗和技巧更成熟的人，學習他的堆砌技術，讓自己的堆砌技巧更上層樓。

我遇過很多有前來詢問積木課程的家長，他們不免都會詢問課堂上會用積木做些什麼？當他們聽到會做動力車、電風扇、鑽洞機、攪拌器……後，通常會立即反應：「我的小孩學過也做過了，有沒有其他東西？」我還遇過家長在下課後問孩子：「老師教的做得出來嗎？你會不會？」若孩子的回答為肯定的，家長就會反映，希望上難度更高的課程。我不禁納悶，難道家長真的想看到孩子在學習過程中受挫、無法勝任，甚至到下課都無法完成，才會認為這是值得學習的課程嗎？

玩積木的有趣之處在於，一個動態積木主題，例如「電風扇」「四輪傳動車」，每個人組裝的手法、使用的零件和技巧都不一樣。基本上，零件用得越少，結構越堅固，並且效能發揮得越好，就是好作品。即使是靜態積木作品，每個人用零件表達的手法也不盡相同，在大型靜態作品外觀上的積木動線安排，以及內部的堅固強化堆砌手法，也會有「填補法」和「支架法」的差異。

填補法和支架法：藍鵲

1 215公分Q版藍鵲，約用8萬顆積木，重156公斤。

2 三大區塊：身體、頭、尾巴。

3 六大塊：尾巴兩塊、身體兩塊、頭兩塊。

4 頭部最上方。上方整體的厚度較薄，這樣可以減輕重量，避免下方過重。內部會廣設支架。

5 **6** 頭的下半部，大量設立橫向和縱向支架，越往下方填補的厚度原則上會增加。

　　7 8 身體的上半部，可以明顯看出厚度增加，支架比例減少。

　　9 圖中紅點為斷層的平滑定位點。當兩大區塊要上下合體時，必須把下方區塊的最上層，約95%的地方大量鋪上平滑零件，在輪廓各處平均留下一些凸點，用來跟上層合體時固定。

　　10 11 身體的最下方，完全以填補法堆砌，所以身軀非常厚。因為要非常堅固，才能支撐上方重量。紅色腳的部分甚至是實心的。

英國士兵

12 200公分高的帥氣英國士兵。

13 作品分成腿、身體、頭三段製作，在堆砌時基本上都是中空的。在長高的過程中，「壓線填補、設支架、斷層平滑定位點」是一定會用上的組裝方式。

其實，不論是學習繪畫或是積木操作，都有對美感、敏感度、經驗累積等條件的共通要求。很多學畫畫的孩子並不是不會畫，而是想要透過課程的學習更精進繪畫技巧。跟著不同的繪畫老師，除了可以學習技巧外，更可以吸收每位老師的畫風與特色。同樣的，堆砌積木時，每位老師也有不同的風格和擅長的技巧，更重要的是，積木老師如何傳遞結構創意的發想空間。學習者應該極盡所能的吸收和學習老師的堆砌技術與特色，再轉化、發展出自己的創作風格。

很少有家長在給孩子上繪畫課時要求老師趕進度，或是要求讓孩子畫沒畫過的東西，更別說是不接受同一種物體不斷反覆的繪畫練習。也不太會有家長跟老師說：「我的孩子畫過這個東西了，請老師

教他畫別的！」但上積木課時，會這樣要求的家長卻大有人在。現在積木教學已越來越普遍，我認為有必要給家長一個正確看待孩子學習積木操作的視野——不僅給予孩子對於三度空間的美感鑑賞，與發揮立體創意的敏感度訓練；以及三度空間創作時，零件在空間結構中的靈活配置與合理性的反應，當然更包含了生活科技應用的基礎知識。

現階段而言，學習美術的孩子還是比學習積木的多，有些家長可能因為發覺了孩子的繪畫天分與興趣，刻意提供學習環境栽培孩子，有朝一日以繪畫或是相關的藝術領域為業。但我相信絕大多數家長，都是將「讓孩子接觸美術或音樂」，當成一種與藝術領域接軌的途徑和管道，或是調劑身心的方式。

在孩子學習積木堆砌時，不妨也用這樣的角度來看待。而且，三度空間積木操作的學習效果，比起美術或音樂課，日後更容易直接表現在職場上。而動態的積木操作學習，則可以讓孩子透過實際操作、觀察和學習生活科技的相關基礎常識，培養孩子分析、判斷與解決問題的能力。

以下以電動的積木電風扇為例，分析孩子在製作過程中可以接觸到的體驗。

利用一顆馬達使扇葉轉動和電扇擺頭

14 **15** 圖中1為馬達，直接驅動了3號的蝸桿。蝸桿再驅動5號，24齒的正齒輪。用蝸桿來驅動正齒輪，可以讓速度變慢。蝸桿每轉動一圈，只撥動24齒正齒輪一齒，要利用這樣的轉速

來擺動風扇。

另外，馬達除了直接帶動3號蝸桿外，更一路向前延伸，帶動2號的黑色36齒正齒輪。再跟旁邊4號灰色12齒正齒輪銜接，利用大齒輪驅動小齒輪，可以增加轉速，和風扇要擺頭的速度要很慢是不同的。4號灰色齒輪轉動後，也就帶動了同一根軸上的8號紅色斜齒輪。為了將動力持續銜接到上方的風扇，8號再跟7號米色的斜齒輪咬合一次。7號和9號黑色12齒正齒輪同軸，所以7號轉動時9號也轉動。終於到最後了！9號再和10號綠色的20齒正齒輪（亦可當成斜齒輪用）銜接，最後一次改變軸的方向後，就能一路向前延伸設計扇葉了。

這樣就完成用一個馬達帶動同一台電風扇的擺動和扇葉旋轉。大家有沒有發現，各類不同齒輪的搭配可以將運轉速度變快或變慢，也可以改變軸的方向。

讓扇葉盡量加速，產生風量

16 圖中利用9號黑色12齒正齒輪帶動10號綠色的20齒正齒輪後，扇葉就轉動了。9號轉了一圈時，10號只轉了12/20圈，所以和10號同軸的扇葉同樣也只轉了12/20圈，也就是還不滿一圈。

17 圖中將9號換成和10號一樣大的20齒正齒輪後，9號轉一圈，10號也會轉一圈，速度是不是就提升了呢！大家會不會想，為何是換這個零件？因為負責轉動扇葉的齒輪組中，2號和4號已經是大齒輪帶動小齒輪加快速度了，7號和8號的米色和紅色斜齒輪齒數相同，1:1的轉速也並不慢，而且空間很小，不容易替換成其他齒輪，因此9號和10號是最容易調整的位置。

使電扇擺頭的速率符合實際需求

18 圖中的3號蝸桿驅動5號24齒正齒輪，3號必須轉24圈，5號才會轉完1圈。如果將5號換成更大的齒輪，蝸桿就必須轉更多圈，替換後的大齒輪才會轉完一圈。同理，如果將5號換成8齒小齒輪，蝸桿則僅需轉動8圈，8齒小齒輪就可以轉完一圈。

不論蝸桿與多少齒數的正齒輪銜接，當正齒輪轉完一圈時，都能同時帶動此正齒輪上方的6號40齒正齒輪。6號雖然是齒輪，但是在這裡並不將它當齒輪用，而是利用齒輪上一個個非圓心上的洞，透過連桿去拉動電風扇的擺頭動作。所以和蝸桿銜接的正齒輪越小，電風扇擺頭就越快，反之則越慢！

製作簡易的扇葉轉動安全機制

19 在原先的整個結構中，所有的傳動過程都是用齒輪帶動。大家是否還記得前文中介紹的「電動門」？如果傳動過程中都是齒輪，在門不小心卡住的情形下，就會聽見齒輪發出「卡卡卡」的聲音，感覺機器快掛了！但是有使用滑輪的情形下，雖然動力會有些微的流失，但是可以提升安全性。

20 在真實的電扇結構中，並沒有使用到滑輪，但是在動力機械的積木課程中，多些趣味的動腦問題，不但更有變化，更可以讓小朋友多思考。圖中將原來的2號和4號齒輪都換成了滑輪，再用一條藍色橡皮筋帶動，如此可以增加電扇的安全性，當被扇葉「砍」到時，傷害也會減低。（但還是要提醒大家，平時千萬不可以用手碰轉動中的電扇扇葉喔！）

增加扇葉擺幅，讓更多人吹到風

21 還記得前面圖中，3號蝸桿驅動5號24齒正齒輪後，就可以帶動同軸上方6號40齒正齒輪，但是並不把6號當做齒輪使用，而是利用6號上面的孔洞，裝上白色的連桿，拉動電風扇的擺頭動作嗎？圖中的白色連桿插在齒輪內圈四個洞的其中一個，距離齒輪的圓心比較近。

22 圖中的白色連桿插在齒輪外圈八個洞的其中一個，它距離齒輪的圓心比較遠。白色連桿安裝的位置距離齒輪圓心越遠，則電扇擺頭的幅度就會越大。

扇葉面積、扇葉傾斜角度和風量的測試與調整

23 使用紅色平板當扇葉。

24 增加藍色平板後，扇葉面積比較大，跟空氣接觸的面積也較大，測試看看何者風力較強？

25 圖中1號和2號零件就是能讓扇葉傾斜的關鍵零件，當扇葉傾斜時，扇葉表面就容易跟空氣摩擦，並將空氣往前推送，我們就可以感受到風囉！圖中有三種不同的傾斜

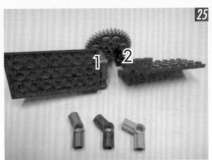

角度，可以試試看用不同角度的零件安裝扇葉，風力的變化如何？

避免扇葉轉動時機體抖動

26 每一片扇葉的重量都必須一致，否則在扇葉運轉時，扇葉向外拋甩的力道不平均，機體就會產生嚴重的晃動。很多小朋友在製作電風扇時，認為扇葉很酷，所以每一片有可能設計成不同樣式；就算樣式相同，扇葉分布的位置也必須平均，另外扇葉傾斜的角度，每一片都必須一樣。只要有些微差異，電風扇的機體就會抖動。圖中，在其中一片電扇的扇葉上多放了一片黃色零件，如此，電風扇運轉時就會抖動得非常厲害！

創造新造型或功能增加作品附加價值

前文中提過，讓作品更精彩的方式，就是要讓作品可以欣賞的附加價值越多。圖中毛毛老師增加了一些小小情節，讓作品更有趣。在這裡還是要囉嗦一下，任何設計和創意以及放上去的零件，都要有可以說出來的功能、用途或目的，說不出來的就不能算是創意，也不用勉強！

27 利用驅動電風扇的軸，向後延伸，另外設計了一個動態小品，人偶會轉動喔！

28 電風扇前方的兩個小人偶，手上拿了很多工具，要保養巨大的電扇。

29 電風扇側邊有一個梯子，上面也有一個人偶，手拿工具要維修巨人的電扇。

在以上這些附加設計中，請掌握幾個原則：

★不可以破壞或折損基礎功能，包括電扇的擺頭、運轉與平穩。

★與功能無關的設計，必須要能解釋自己的創意。

★與功能無關的創意設計要適度，不要多得太誇張。

當爸爸媽媽看完以上小小電風扇的變化與不同的玩法和測試後，你還會覺得做過電風扇就不用再做了嗎？還有，回家後也應該讓孩子自己多練習幾次，看有沒有不同於老師的人偶等其他創意設計。

積木創作的巧思在於細節與變通

家長要知道的是，在不看組裝圖的狀況下，組裝積木動態作品，組裝十次，十次的作品都會有所不同。但是作品之間的差異，與作品的效能、完整性、組裝手法的成熟度等，絕對會越來越進步和完整。當孩子第一次用積木組裝電風扇時，或許風力不強、擺動幅度不大、機體會晃動，當然老師能夠用說明和提示的方式，盡可能讓孩子了解效能不佳的原因，孩子也可能非常用心的克服了其中一到兩項變異的影響，但畢竟無法在一堂課的時間，將與主題相關的全部問題和測試都一一實行且了解透徹。操作性的課程若只是將理論講一遍，如此豈不是又回到了填鴨的教學方式？

到底孩子在一堂課中的學習，要達到什麼程度才是理想的？每個學生的學習能力有所差異，老師應該訂出對一個作品主題的基本要求，讓學習能力較弱的學生能達到這堂課程的學習底限，同時讓較為擅長的學生，有時間去處理和面對其他有趣的議題與設計。這也是我在教育訓練過程中，常對有意願投入積木操作教學的新老師所說的：課程中要有「統一教學說明」和「個別指導」的部分，而不是拜託動作慢的學生快一點，動作快的學生請他等一下。

同樣的主題不斷反覆練習，孩子對於這個作品會越來越有心得，才能將測試和探討的重點放在他尚未全然了解的議題上，甚至引發自己的高度興趣，在課堂外持續探究。

小朋友在製作和學習動態積木作品時，老師不妨鼓勵孩子將自己的作品當成「產品」看待，也就是想辦法打動消費者。除了功能、效能要好，外觀的造型設計也要能幫產品加分，但是任何外觀設計不能影響或折損原有的基礎功能，才是好的設計。

　　我希望孩子上完課後，在印象最深刻的幾天當中，自己再重新挑戰製作一次上課的主題，這樣才能累積對於不同積木零件特性的掌握，也可以在比較沒有時間限制的狀況下，盡情且確實的把想測試和比較的變因完整比較和對照；更可以在沒有時間限制的狀況下，幫作品好好的設計造型！

　　說到這裡，我相信家長們不免又要問：「老師，家裡的積木材料和零件沒有教室那麼多怎麼辦？」當然，積木零件的多寡，多少會影響成品可以做的變化，但不是上課用什麼零件，家裡就一定要有什麼零件才做得出來。關鍵或特殊零件有絕對的必要性，但百分之八、九十的零件，都有替代性或變通方式，我最鼓勵小朋友「有什麼用什麼」，除非真的完全沒辦法。這種玩法對我來說不叫克難，而是動腦想出更多變通的組裝技巧，其實也是讓玩積木的功力更精進的方法之一！

零件變換使用範例：

　　30 圖中1號黃色零件如果不夠，可以有各式各樣的替代性零件組裝方案。

積木上的教養課：**毛毛老師這樣說**

　　三度空間積木操作的學習效果，比起美術或音樂課，日後更容易直接表現在職場上。而動態的積木操作學習，可讓孩子透過實際操作、觀察和學習生活科技的相關基礎常識，培養孩子分析、判斷與解決問題的能力。

進階挑戰：「來做機器人」！

毛毛老師還小的時候，用積木堆個汽車、房子就非常開心滿足了，當時完全沒想過，今日的積木還可以透過軟體進行程式設計，表現出動態，並透過各種感應器和環境互動。從「一般靜態積木的堆砌」到「動態機械積木作品」，若都能上手，下一步便是要挑戰「電子積木機器人製作」了。

　　用積木疊機器人，並非一般人想像的，用積木零件疊出無敵鐵金剛或是變形金剛，所謂機器人，指的是自動控制的設備。舉個簡單的例子：在工廠中負責自動生產產品某個部分或加工的機械設備，就算是機器人。例如：汽車工廠幫車輛噴漆的機械手臂、將汽車車身金屬組件焊接起來的機械手臂，都可以稱為機器人，機器人不一定要是「人形」的。機器人最重要的任務就是取代人力，完成生活中各種原先由人工來執行的工作。

　　用積木製作動態的自動控制機器人，雖然難度和挑戰性略高，但是目前市面上流通性最高、最容易入手的產品，無論是機械的結構製作，或是程式軟體的撰寫方式，在不要求自行創作的狀況下，要學會使用積木機器人的軟硬體其實相當容易，無論大人或是小朋友，都能夠透過產品的完整介紹和說明輕易上手。其次就是，透過網路，可以很容易獲得結構設計、程式應用範例，或創意作品的相關資料。積木機器人產品，通常設定的對象約為十歲左右便可以上手，當然對大人來說絕對不是高門檻。無論是現實生活中的機器人，或是我們在積木課程中指導學生製作的機器人，都必須具備「有一個結構實體、可以接受程式指令、可以執行程式指令」三項條件。機器實體就是為了因應任務所設計出

來的機械結構，在這個機械結構設計上，有一個重要的關鍵——積木電子處理器，用來接受我們透過軟體所撰寫出來的程式，在啟動執行之後，這個機械設備就能正確的執行我們所設計的程式動作。一台機器人的機構裝置，會依照不同任務需求放置各種感應器，獲取完成任務所需要的訊息。使用軟體編輯程式後，將之下載到積木的電子處理器上，就能利用馬達做輸出動作，完成我們預設的任務。本章後半部的幾項作品範例，除了說明設計運作的簡單原理外，也附上圖像式程式。目的並不是要教讀者如何寫程式，只是希望家長也能從程式介紹中了解，程式到底能做什麼、能表現什麼？

沿著黑線移動的車子

　　讓機器人沿著地上的導引線移動，是玩機器人的基礎工夫，在很多工廠或是倉庫，其產品生產過程以及倉儲零件存放和取料，都是用移動式的機器人（車輛），沿著廣大的廠房或是倉庫地板上的導引線，將零件或是製品搬運至指定的位置。在機器人競賽中，沿線移動或相關題型更是時常出現，例如：沿線移動的過程中有障礙，出現斷線，中途遇到十字黑線時依照裁判臨時決議要前進、右轉或是左轉等變化，來考驗競賽者的程式應變能力。至於為何機器人可以循線移動？最關鍵的積木電子零件就是「光源感應器」。透過感應器射出的光束經反射後可以讀取到參數，而這個參數會因為場地的明暗、顏色有所不同。利用這樣的特性，就可以用程式設計出循線移動的機器人。在競賽過程中，

不僅僅是比機器人移動的精準性，更要比速度，相當刺激有趣，若將「循線移動」稱為玩機器人該具備的基本功也不為過！

1 簡單的循線移動機器人（車輛），配備兩個馬達，可以驅動車體兩側車輪，並在機器前方放置一個光源感應器。圖中1和2是驅動車子前進的馬達，3為光源感應器。

2 車體後方兩側車輪需要有胎皮，提供車子移動和轉向時所需要的摩擦力；但是前方的兩個灰色車輪，僅是在車子移動時支撐車輛，若裝上胎皮，反而會影響車輛轉向的效能。將車上的電線收納好，避免機器移動時車輪纏住電線，這是組裝結構時要注意的。前方的是偵側桌面黑線的光源感應器，是這項題型的關鍵積木電子零件。

3 這是循線移動機器人的程式設計，

可以看見程式是由一個個正方形的圖像接續完成，
每個圖像都有特定的含意，是不是很像我們在操作
電腦時會用到的複製、貼上、列印等動作的功能圖
示？以下對循線機器人的程式稍加說明，對照程式
中由左至右的每個圖像，大概就能對兒童編輯程式
的方式有基本的認識了。

　　程式圖中「綠燈」：開始執行此程式。「紅色
向下箭頭」代表重覆相同程序的起始點。A馬達轉
動、C馬達不動（車子便會轉彎），直到第五、第六
個方框，代表遇黑線後跨線繼續移動，遇桌面的白
色，接著改變為A馬達不動、C馬達轉動（此時車子
會向另一個方向轉動）、再執行一次直到遇黑線後
跨線繼續移動，遇白。「紅色向上箭頭」為動作結
束後要求回到重覆執行的起始點。以上就是這整支程式的意涵。

　　這就是圖像式程式編寫的方式，也是目前的趨勢，程式設計
因此簡化了許多，但不變的是仍然需要以邏輯能力建構出合理的
程式。

積木磚塊分類機

　　分類物件也是生活中機器人常負責的工作。

　　4 **5** 這兩張圖的左上角，可以放上白色和黑色的積木，讓
光源感應器辨識不同顏色積木的反光值，然後依此設計不同的馬
達轉動角度，將積木放入指定的區塊。

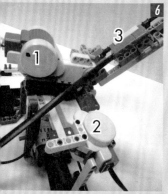

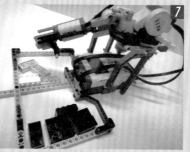

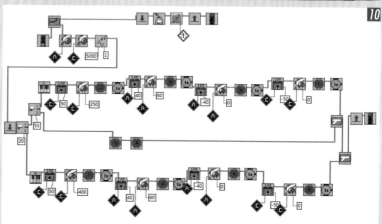

6 機器需要兩個馬達。圖中編號2的馬達負責迴轉（將手臂轉動至正確區域的上方），1號馬達則負責將積木放下。

7 8 準備放下積木。

9 圖中編號3的光源感應器，用來判斷積木的顏色。

10 先找到程式中的「綠燈」，這就是一支程式的開端。在程式中，上方路線中藍色向上和向下的箭頭中間，執行的是：將光源感應器讀取到的參數，持續顯示在圖 8 中箭頭所指的螢幕

上。目的是為了方便我們取得白色積木、黑色積木以及沒有放置任何積木時的參數值，有助於撰寫程式時參數的設定。

程式中下方分出了三條路徑，由上而下依序為「感應器偵測到白色積木時的機器後續動作」「沒有偵測到任何積木的情形」「感應器偵測到黑色積木時的機器後續動作」。在這三條路線前後，紅色向上及向下的箭頭，協助我們可以一直持續偵測，在放置一塊積木之後，能無止境的繼續分類

趣味遊樂設施

每個人都有去遊樂園搭乘遊樂設施的經驗，我們也可以用積木機器人來模擬創意遊樂設施，並且透過程式的協助，讓機器能做出更多元的變化，而不僅僅只是裝上馬達後讓設備動與不動的差別而已。在這個作品中，我們可以透過簡單的程式數學運算，讓遊樂設施的擺幅呈現持續增加的變化，同時讓遊客乘坐的座位有加速和減速的過程，讓作品的視覺感和變化度大大提升。

11 這是兩個馬達和一個觸碰感應器構成的遊樂設施，可以讓乘客同時感受到擺動和旋轉的刺激感。

12 13 馬達將乘客抬起。

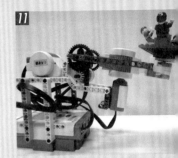

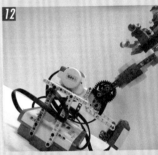

14 積木人偶下方的馬達A負責旋轉。

15 負責抬起的馬達需要更大的力量，所以利用灰色小齒輪去驅動黑色大齒輪，可以增加抬起的力量。

16 希望你已經習慣在程式中找出「綠燈」的位置，接著只要沿著粉紅色的線前進即可。沿著粉紅色的線前進，會有個岔路。在上方路線的程式內容為：每撞到一次觸碰感應器圖 15 中的1，馬達擺動的幅度會增加30度，直到大於420度為止。一旦超過，會再一次重新開始。路線中前後紅色的箭頭，大家應該很熟悉了，就是持續反覆的功能。另外在路線的下方，從0開始累加，每隔0.1秒便加1，1秒後會加到10，10秒後會加到100，將這持續增加的數字，轉移給馬達當作電力大小的變化；在加速達到最快後，每隔0.1秒再減1，在10秒後就會

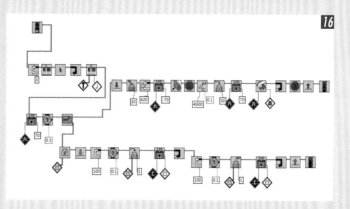

恢復到0。同樣的，將這樣的變化也轉移給馬達當作電力大小變化。如此運作的結果，就可以看到遊樂設施在前面10秒鐘逐漸加速變快，在後10秒鐘又逐漸變慢，並且一直反覆。在程式中由一條路分為兩條路後，這個遊樂設施就一直「同時持續不同角度擺動和旋轉速度的變化」，我們稱為「多工」，就是同時執行多件事情的意思。

關鍵組件（積木電子處理器、各式感應器及馬達）

17 積木演進到可以用電腦撰寫程式，已經快16年了，這是玩積木的一大突破。雖然這個變革帶有濃厚的商業氣息，但的確為兒童和青少年開闢了一條在生活科技應用領域入門的簡易途徑，更有助於激發創造力和想法。圖中由左至右為近20年來所推出的第一、第二和第三代產品，積木機器人的關鍵就是圖中央的處理器，在處理器的上方的，是機器人用來感知環境的各類感應器，可以辨識顏色、光線、溫度、距離、方位、紅外線、角度等，這些都是機器人的輸入設備。在處理器的下方，是可以讓機器人動作的馬達或是燈，稱為輸出設備。再加上一堆積木零件與程式軟體，就能進入機器人的領域囉！

靜態積木較著重觀賞的樂趣和擬真度，動態積木則著重在運作的效能，而機器人積木作品更加要求勝任特定任務的執行能力，因而從這項特質中衍生出各類型的積木機器人競賽活動。

在每一堂製作機器人的積木課程，都有三個必經的程序，依序包括「A. 組裝積木實體、B. 撰寫符合機器設備的程式、C. 反覆測試完成」。這三個環節是玩機器人與堆砌機器人時最重要的核心。可以培養孩子不同的能力。設計機器人絕對不可能一次就成功，可能是因為結構設計不良而造成影響，也可能是因為程式設計上有沒注意到的瑕疵而影響運作結果。這種不容易一次成功的特質，正好提供了孩子最棒的教育情境。玩機器人與職場工作有許多類似之處，包括對態度、對精細度與精準度的要求等，除了可以學到不少生活應用科技的相關知識，更能夠及早建立起未來立足社會的基礎條件。

以下分別就上述三個環節加以說明。

A. 組裝積木實體時最重要的是結構，影響結構製作速度或結構優劣的關鍵在於「零件熟悉度、零件配置合理性的敏感度、對於生活中設備的印象或經驗是否充足、手做經驗是否充足」。

越熟悉手邊積木零件的人，遇到問題的應變方式越多，才不會在設計結構時不知要用哪些零件，陷入不知該怎麼做的困境。

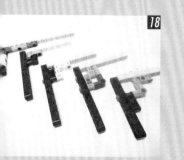

18

零件應變：各式各樣轉角度的零件用法

18 圖中的例子是要將上方白色和左方紅色的零件垂直固定銜接，有非常多零件和組裝的變化，可以完成想要達成的目標，不要太過局限於非得有什麼零件才能製作的觀念。當然，有一些零件是無法替代的，但我想給大家的觀念是：先盡力想替代

方案，不要老是執著於心裡第一個想到的零件。

對於零件配置合理性的敏感度夠，才能在製作結構時避免一些不必要的麻煩和困擾，例如：如何支撐軸最穩、車輪如何擺放、重心如何安排，對這類認知的敏感度越高，製作機器人的速度也會越快。就我自己來說，我是從玩模型、製作遙控車、四驅車、組積木以及常組裝一些動態勞作，長年累積所獲得的經驗。

至於對生活中設備的印象與手作經驗，就真的必須從生活中的興趣或是習慣去累積。平常我就非常喜歡使用各類型機具進行DIY或維修，對於例如電鑽、木工的相關機具、空氣壓縮機等都有非常豐富的使用經驗。試想，一個在平時生活中不喜歡動手操作，或是完全沒有手作習慣的孩子，要能勝任機器人課程中的「結構製作」，相對而言一定比較辛苦。

當然，一個完全沒有上述特質或是經驗、習慣的孩子，也不是就不適合來上機器人的積木操作課。然而面對這樣的孩子，老師在教學過程中就必須放慢速度，重新幫孩子建立結構製作應有的觀念和技巧。

B. 機器人製作的第二個重要環節是「程式的撰寫」。相信不少人想問：寫程式或是程式設計好像是大人才會接觸到的東西，國小學生就開始撰寫程式來控制機器，不會太難嗎？關於這點，或許可以以電腦使用為例：在電腦發展初期，我們使用電腦時，無論儲存或是列印、複製等簡單的動作，都必須打入文字指令。但是現在，要用電腦做這些事情時只需要點選「圖示」即可。小朋友或是青少年學習程式時，同樣也因為開發程式的公司

用「圖示操作」的方式簡化了學習內容，因此不需要背一堆繁雜的指令，降低了初期接觸程式的難度。學生雖然只需要看圖，但是仍和程式設計師一樣，必須思考、組織合於邏輯的程式架構。使得學程式的年齡門檻大為降低，也非常有助於訓練學生的邏輯與思考能力。積木跟程式結合，在科技教育功能上是一大突破，更提供了學生另一種寬廣多元的學習平台。

簡單來說，程式就是在安排一個「合乎邏輯、合理的程序」供機器人使用。程式的有趣之處在於，要達到一個目的，與組裝結構時一樣，途徑和管道絕非僅有一種。必須非常清楚每個程式指令在程序上的含意和解釋以及扮演的功能，將它串接為一個合理的流程。我認為，能夠勝任程式撰寫的關鍵在於「腦袋夠清楚、夠細心、能夠組織和整合來龍去脈、非常喜歡動腦思考」。符合以上這些條件，較能夠在執行程式設計時，感受其中的樂趣。

而在邏輯能力的部分，雖有先天的影響，但後天也可以透過訓練來加強。比如多接觸機器人的程式撰寫，就能夠提升邏輯思考的能力。其實不論在生活中或職場上，有正確的邏輯，比較容易找到問題所在，進而才能找出因應之道來解決問題。

綜合以上所述，一個不喜歡思考的小孩，在撰寫程式時，學習起來的確會比較辛苦。但話又說回來，就是因為孩子平時不太

思考，才更讓家長想透過程式的學習，幫助孩子建立思考習慣。所以藉由老師的鼓勵，讓孩子在程式學習過程中獲得成就感是很重要的，而且必須由淺入深，扎實的打好程式的基礎觀念，完全清楚指令的用法，多加練習，才有機會設計和應用。

用程式讓車子轉彎——有哪些不同轉法，分別造成的影響為何？

要讓車子轉彎，在組裝積木機器人時有兩種方式：一種是從結構層面達成，另外一種就是以程式設計來達成。

19 20 21 是以零件結構的方式製作出來的轉向系統，有方向盤，轉動時可以驅動小齒輪，再帶動條狀齒輪，就可以達成車輪轉向的目的。這種方式，非常接近真實生活中車輛的轉彎原理。

22 我們也可以使用程式來讓車子轉彎，先組裝一台先前所提的循線機器人（車輛）的結構，它有左右兩個馬達，分別在兩個馬達旁都安裝一個車輪（不需要使用光源感應器），然後對照圖片，由上而下有三種方式都可以讓車子轉彎。

最上面的程式範例：綠燈是程式的開始，接下來紅色的箭頭代表程式反覆執行的起始點。車子上的A馬達動，但是另外一個C馬達不動。紅色向上的箭頭代表程式跳回起始點，持續反覆，讓A馬達轉動，C馬達不動。如此的結果，大家可以用「圓規」來想像，筆就是轉動的A馬達，圓規的針就是不動的C馬達。

　　在圖中間的程式為A馬達轉動，C馬達也同時轉動，但是A馬達用+100（正100）轉動，C馬達用-100（負100）轉動。100代表電力的大小，正負號代表的是順轉和逆轉。兩個馬達的車輪，一個正轉、一個反轉的結果，車子會原地旋轉。你可以站起來，將右腳向前碎步移動，另一隻腳向後碎步移動，你自己是不是就旋轉了起來呢？而你就是那部車子。這種轉法稱為自轉，地球和陀螺都是自轉的喔！

　　程式圖中最下面的方式是A馬達用100的電力轉動，C馬達用50的電力轉動，也就是一個馬達的轉動電力強一點，另一個馬達則弱一點。就像是十個人在操場跑道上玩「十人十九腳」，大家一起齊步跑，到了跑道轉彎處，內側的人跑的速度要慢一點，外側的人跑的速度要快一些，如此才能整齊劃一的十人呈一直線，順利的在彎道上前進。

　　有那麼多的轉彎方式，都可以用程式來完成，僅僅需要一台兩個馬達的車子！大家可能會想：什麼時候該用哪一種方式？首先我們要知道，以上三種方法轉彎的差異在於「迴轉半徑的大小不同」。其中，一正一反自轉轉法，它的轉彎範圍最小；一個快一個慢往同一個方向轉動的方式，轉彎的半徑最大。其實這三種

方式該何時使用，主要還是要看任務的需求來決定。舉個簡單的例子，如果機器人要在狹窄的迷宮中移動，那就要用最小迴轉半徑，一正一反轉的方式來設計程式。但是如果要循著有彎有直的黑線讓機器人（車子）循線前進，就得用一個車輪動，一個車輪不動的方式，或是一強一弱循線向前推進。為何這時不可以使用一正一反的方式呢？因為自轉是無法前進的！這些不同的方式所產生的差異都非常有趣，值得思考，也對於機器人能否順利完成任務有著決定性的影響。所以要達到一個結構的動態目的，可以從「結構方向」與「程式方向」尋求解決之道。

停車場程式（組織與整合各部門構成一個系統）：什麼是系統？

在這個結構與程式的例子中，可以讓學生很輕易的了解什麼是「系統」。簡單來說，停車場是一個整合了「各處事件」彼此之間相互關連的型態呈現，它很講究程式邏輯，必須非常清楚整個程式當中每個環節到底在做些什麼。至於結構面來說，停車場沒有複雜的機械構造，唯一稱得上機構的部分也只有入口處的柵欄，和出口柵欄，需要動態表現。前面剛提過，要達到一個機器人的動態目的，可以從結構面或程式面來處理，所以要製作動態的柵欄，可以用積木零件，像是齒輪或是滑輪，來調配適合驅動柵欄的轉速，或是用程式的電量大小來調整。

在這樣的題型中，我們必須先預設一個「停車場的情境」，也就是這個停車場是一個社區停車場，只有擁有社區提供的停車

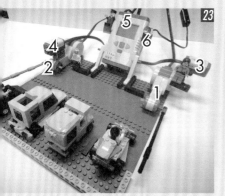

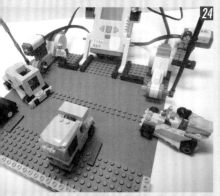

卡才能在刷卡後停進停車場內;而停車場的停車位為四個,而且有顯示剩餘車位數的功能,以及車位已滿訊號燈的提示功能。為什麼要預設情境,是因為不同廠商規畫的停車場系統會因為客戶預算的不同,設計成陽春型或是更自動化的差異,這些差異在程式設計時都會有很大的影響!

23 圖中最多可以停滿四台車子,右側為停車場的入口,左側為停車場的出口。圖中1號位置為驅動入口柵欄的馬達。2號位置為驅動出口柵欄的馬達。3號為可以讀停車卡,啟動入口柵欄的光源感應器。4號為觸壓感應器,用來驅動出口柵欄。5號為顯示剩餘車位數的螢幕。6號位置為車位已滿警示燈。

24 模擬車輛進出的情形。

25 將白色的積木零件當成「停車卡」,社區住戶要停車,必須先在3號光源感應器前「過卡」。

社區車輛刷卡後進場停車,隨著柵欄開啟,剩餘車位數就會不斷的遞減。當四個車位都停滿時,目前的剩餘車位數便會

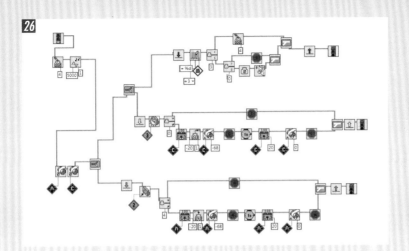

26

顯示為0，並且車位已滿的警示燈也會點亮。

26 概略的對停車場系統程式做個簡單的說明：從綠燈（程式開始執行）開始，沿著粉紅色的路線前進，程式開始沒多久，有一個瓶子設定了4這個參數，這個參數所代表的就是這個停車場的最大停車數量。接下來，單一粉紅色路線持續推進，分出了三條路線，這三條路線的前後都有熟悉的上下箭頭，代表三條路線中的事件會一直反覆持續，所分出的這三條路線，我們在程式中稱為「分工或是多工」，由上而下三條路徑所負責執行的任務，為「將剩餘車位數顯示在螢幕、控制車位已滿訊號燈的亮滅、監控目前剩餘車位數的變化」，中間的路線負責「入口光源感應器讀卡辨識，以及控制入口柵欄開關動作，遞增入場車輛數的計算、當沒有車位時如果還有人想硬刷卡，柵欄不會開啟的機制」，下方的路線負責「觸壓感應器啟動後出口柵欄的控制、遞減出場車輛的計算」。這些各自獨立的事件，彼此之間都有緊密與互相牽動的關連性，而且這些事件都必須「同時」持續的運

行。

　　相信大家在生活中，對於系統這兩個字應該並不陌生，但不是每個人都能夠清楚的說明什麼是系統？在這樣的題型中，不難了解停車場系統原來整合了各部分的功能，合併為一件彼此牽動、同時具有明確實際用途的事件。在此程式當中，必須對每一個指令以及在串接後的含意，甚至是彼此之間的相互關係完完全全了解，才有能力找錯或是更新設計。它是屬於對於小朋友來說很要求邏輯性的題型。可以想像的是，當小朋友居然可以將一整座停車場搬到自己面前，並且操作著這些功能，看到每項功能都正確的運作時，怎麼可能會沒有成就感，真是超好玩的！如果是參加比賽，沒有大人或老師幫忙，若因為一點點迷糊、程式出了點錯誤、不太懂程式中一個圖示的意涵，就無法完成任務。要全部理解、融會貫通、舉一反三，才有辦法修改這支程式，或是更新強化它的功能，把陽春停車場設計成高級社區的防盜型停車場！

設計一個夾東西不會掉的機器夾子

　　這個題型是機構和程式都有點挑戰性的題型，在機器人競賽當中，常需要用到這種機構設計，像是搬運物件到指定的位置才能得分時，就必須將物件夾起，若是能夠控制物件夾起的高度，比賽的勝算就會提高更多。

　　在結構的設計上，方法也是非常多元，但基本可以建立在「用一個馬達完成夾和抬兩個動作」為設計原則，因為一般來

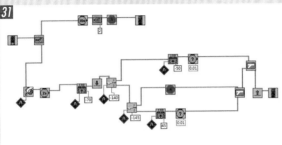

說，一個動作就需要使用一個馬達，如果能夠製作出複合式動作的機構設計，機器人的重量會更輕，也可以減低電量的消耗，但是在機構設計上就必須多花點巧思，才能完成用一個馬達整合兩個動作的需求。另外，要將物件抬起並且可以維持任務需求的高度，必須仰賴程式的設計才能達成，因此，學生在機構和程式上的設計能力都需要有些基礎才容易勝任。

27 夾子前端必須有黑色的橡膠，才能讓夾子在夾到物體後有足夠的摩擦力，不至於滑落，或是因為摩擦力不足而夾不起來。

28 僅利用單顆馬達做出「夾與抬」兩個動作。

29 夾子夾住物件的狀態。

30 夾子夾住物件後，將物件抬離地面。如果夾子是結合在一台就可以移動的積木車輛上，就能將物件搬移到指定的地點。

31 在程式中，綠燈程式開始執行之後，就分成了上下兩條路線「同時」執行，上方的功能在等待時間過了多久，10秒後就強制停止下方夾住物件的動作。

而在程式的下方又再分出了三條路線，這三條路線為：如果夾子抬起來超過預設的度數，就以0.01秒的時間讓馬達往反方向向下修正；如果馬達抬起重物後無法抗拒地心引力，夾子漸漸落下時，就以0.01秒的時間讓馬達往反方向向上修正；中間就是如果維持在設定的範圍時，馬達就不動，也就是停止。

在這一個題型中，我最想說的是：誰會在乎生活中的0.01秒，1/100秒能做些什麼？但是在機器人的世界，0.01秒卻能幫助夾子持續且不停的修正，這種能力不是人能完成的。如果人被罰提著水桶10分鐘，還要維持在同一高度，和機器人比的話，絕對是機器人厲害！

玩程式比學程式重要

撰寫程式需要的是邏輯概念，而邏輯概念比較穩健的階段是國小中年級以後。年紀太小的小朋友，較無法宏觀的看待一件事的各個面向，從各個面向進行整合，但撰寫程式很需要這種能力。若想在低年級時便開始接觸程式，毛毛老師建議，不要以複雜的程式組織架構迫使孩子的邏輯能力向上提升，而是盡量先讓孩子學會用程式控制機器設備，視孩子的學習情形和應用能力，再逐步增加程式架構組織的複雜度。無論如何，對這個階段的孩子而言，「玩程式」比「學程式」來得重要！

以下為單一路徑思考與多重路徑思考的程式對照範例：

`32` 多重路徑

`33` `34` 單一路徑程式

對程式而言，不小心寫錯一點和錯很多的差異其實不大。因為程式只要設定有一點點錯，例如一個馬達運轉「1秒」和「0.1秒」的時間差異，機器人的動作差異就會非常巨大。一個「連續每0.1秒改變一次音頻產生的聲音效果」和「連續每0.01秒改變一次」就會給人完全不同的感受。若一個控制馬達運轉電力強弱參數的正負號設定錯誤，機器人原先要前進就變成了後退。程式中只要有一點點錯誤，就無法完成任務。

程式中參數設定多一個0、少一個0、多一個點、少一個點，或程式語法不正確，就絕對看不到最後完成任務的結果。簡單說：程式設計沒有犯錯的空間，這是寫程式應有的觀念。這種特性，給了懵懵懂懂尤其是國小學生一個很好的機會教育，就是完全不犯錯並非強人所難，也不是過分要求，因為一個要完成任務的程式，是沒有犯錯空間的，但過程中的錯誤和調整，是最後完成目標必經的學習過程。

在製作機器人的課程中，老師在「結構失誤」或「程式失誤」上，給予學生的空間都是比較大的。就如同我們常聽到的「在錯誤中學習」，所有在錯誤中的學習，都是為了在關鍵時刻「絕對不能出錯」，或是養成盡量避免犯錯的習慣。

「機器人的一般課程」和「機器人的競賽」對於「精細度到位」的標準是不同的，過程中孩子能得到的收穫也有所差異。在

多重路徑（很多分支）：

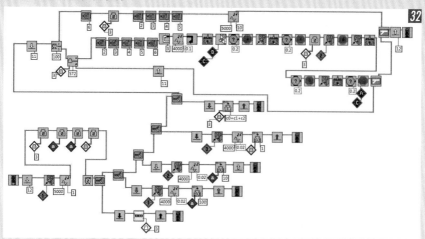

單一路徑（一路到底）：

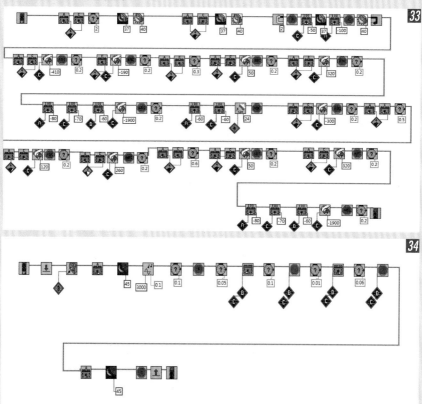

一般課程中，正好累積錯誤的經驗，適度接納學生天馬行空的創意，對於「實用性」的門檻標準，可以放低一點。但是在競賽的學習過程中，「零失誤率」，包括結構不失誤、程式不失誤與人為不失誤，這三者是每一個真正想要勝出的隊伍必須盡力達成的目標！

現實生活中很多職業其實沒有犯錯的空間，像是太空人、醫生、飛行員等都是，家長若覺得這樣對孩子是苛求時，可曾想過，在孩子成長過程中，在哪個時間點他才有機會懂得「有些錯是無法彌補」的道理？會不會造成為時已晚的遺憾？而這樣的觀念，老實說，無論在學校教育或家庭教育中，都不容易找到機會教育來培養和建立，而積木機器人的學習就提供了這樣的機會。

很多不同的程式軟體都能用來控制積木機器人，也可以依照孩子的年紀、接受度、流通性、上手速度，來選擇要用哪種程式軟體設計機器人的動作。就如同市面上有各式各樣的繪圖軟體，關鍵不在於你會用哪一種繪圖軟體，而是不管你用的是什麼工具，有沒有設計出符合需求的東西。當然，當你對一個軟體駕輕就熟後，可以再接觸學習不同的程式編輯工具，工具越充裕，手邊的資源越多，能夠發揮的空間就越大，但關鍵還是「用它做了什麼」。再強大的工具，遇到一個沒想法的人，一切都是枉然！

C. 玩積木機器人最精華的部分，也是我認為孩子從中收穫最大的，就是「測試」的過程。簡單來說，當「結構」和「程式」初次合體的時候，一次成功的機會通常不大，測試是絕對需要也避免不了的過程。在這個過程中，小朋友必須扮演小偵探，

逐一抽絲剝繭，找出有問題的地方，這些問題不外乎「結構製作不好或結構組裝錯誤、程式設計錯誤、操作者不夠專注」造成的結果。

我是一位父親，也是一位積木機器人的老師，如果我沒有讓自己的孩子玩機器人以及接觸積木機器人比賽，其實很少有機會在生活中訓練他學習和習慣「發現錯誤」這件事。所以我很慶幸我的孩子以及我帶領的小朋友們，能提早學習和適應人生中必經的「找錯」與「解決」的過程。

積木上的教養課：毛毛老師這樣說

所有在錯誤中的學習，都是為了在關鍵時刻「絕對不能出錯」，或是養成盡量避免犯錯的習慣。現實生活中很多職業其實並沒有犯錯的空間，例如：太空人、醫生、飛行員等，而積木機器人的學習，就提供了這樣的機會，讓孩子了解「不是所有錯誤都能彌補」的觀念，孩子也會因此更謹慎。

態度、技術缺一不可：
電子積木機器人競賽1

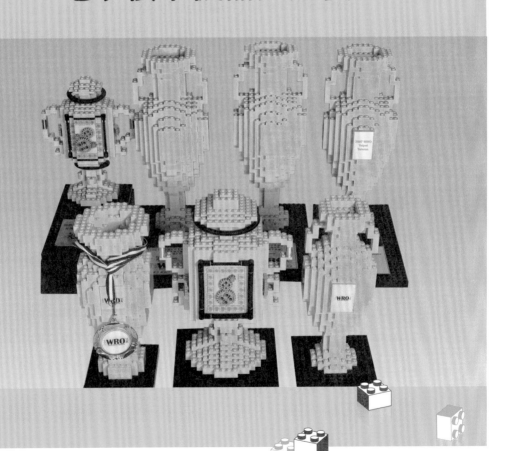

電子積木的機器人課程和機器人競賽，能夠帶給孩子有別於一般靜態積木堆砌的收穫，在上課過程中，孩子可以學到很多結構與程式上的技巧，同時也在累積玩機器人的觀念和態度，像是自己找出錯誤、避免錯誤、耐心細心等。

目前機器人競賽很多，毛毛老師以自己長年帶領學生參加的國際奧林匹克機器人大賽（World Robot Olympiad，簡稱WRO）來說明。此競賽分為三大類，分別是「競賽、創意賽與機器人足球」三種。我一直以來帶領學生參加的是競賽項目。

首先說明機器人競賽的狀況：在競賽項目中，無論是國小、國中或是高中組，都必須在現場用積木組裝機器，並經過測試，自動完成規定的任務。而這些任務不外乎需要一台能夠移動的機器結構，要能在時間內完成克服障礙、循線行走、抓取目標、分類物件、移動物體、搬運、拋球、擊球等特定的任務項目，並且比較完成任務的時間長短。另外，在比賽當天，競賽現場的裁判會宣布surprise rule，也就是「現場應變的臨時特殊規定」。這部分更是使競賽更刺激且具挑戰性的環節。

以毛毛老師曾帶領選手參賽的2013國際奧林匹克機器人大賽為例，當年主辦國為印尼，各級別競賽題目，都和印尼的特色有關。公開的規則是競賽的大方向，至於surprise rule都是當天競賽開始才會公布。國際賽較特殊，會有約10分鐘和教練討論的時間，然後才開始競賽。

完成指定任務是每一隊選手基本的努力方向，大家都希望拿下滿分。要能夠拿下此題目每一個任務的分數，就需要一台好的

機器結構。再來就是機器人移動要快速，但是追求快速的同時，相對必須多承擔失誤的風險。舉例來說，車子行進時，時速10公里和時速100公里，所承擔的風險不同。這種風險也是機器人競賽的刺激與有趣之處。如果你用很慢的速度拿下滿分，雖然安全，但是會擔心其他拿滿分的隊伍很容易超越自己，讓這個滿分沒有競爭力；但不斷的提升速度，又必須承擔成功率下降的風險。因此，在機器設計上，大家都在努力研究如何獲得一個平衡，也就是：「速度不要太慢、穩定性高、容易拿下滿分」。

「surprise rule」則是競賽中最精采的部分，考驗選手臨場結構調整和程式設計的應變能力，以及選手是否夠冷靜，能夠思考、解題。以2013年國小組參賽選手在國內初賽、全國總決賽、世界大賽這三戰所遇到的surprise rule為例：北區初賽時，場地上多了一個特定的罐子，必須將原來規則中沒有的罐子推到特定的區域；全國決賽時，增加了比原先公布數量更多的色塊供機器人處理，機器人可以選擇載更多的色塊，同樣要將色塊打進同色的區域換取更高的任務積分；世界賽時，競賽場地增加了兩個罐子，並且要用這兩個罐子壓住標示在場地上的兩個小圓圈貼紙。也由於surprise rule，使得機器人用速度來決勝負的因素大幅度降低，而能夠讓勝負回歸到學生現場應變能力與機器設計穩定性的本質上。

WRO機器人競賽每年的題目，由當年舉辦世界賽的國家來出題，題目通常會以舉辦國的國家特色來訂定。2014年的主辦國是俄羅斯，從國小到高中各級別的題目都與太空科技有關。題

目大約在當年三月公布於主辦國的官方網站,而各參賽國會陸續開始在國內舉行一連串的選拔賽。以台灣為例,約在每年的五到七月左右,會在全國各縣市舉行WRO的校際盃機器人大賽,八、九月開始會舉行WRO的全國北中南分區選拔賽,最後再舉行全國總決賽。能在全國總決賽脫穎而出的各級別前幾名隊伍,就可以取得當年WRO機器人世界賽的參賽資格。世界大賽約在每年的十一月舉行,將會與全世界二、三十國以上的選手一較高下,會員國也逐年增加當中。

或許大家會好奇,三月份就公布比賽題目,十一月才舉行世界大賽,會不會太早了?另外,準備那麼久,大家應該都能解題、能過關,還有什麼好比?

設計執行任務的機器永遠有再改良和精進的空間,更需要靠一次又一次的實際測試,才能找出問題所在。其實機器人的競賽很像碩士或博士在研究專題和專案,真正困難之處其實不是完成機器人競賽任務,難的是必須不斷突破速度、提升穩定性和效能,以及對於surprise rule的適應程度。一台能夠下場競賽的機器,可能歷經了各式各樣不同的設計版本,有時一路從國內選拔賽打到年尾的世界大賽,機器的改良次數甚至超過二、三十次。

以下為不同版本的結構設計:

1 ~ **4** 2007年機器人國際賽國中組,「爬山機器人」獲世界冠軍的機種幾款較重要的設計演進過程。

5 **6** 2007年機器人國際賽國中組,「步行障礙機器人」獲世界冠軍的機種兩款較重要的設計演進過程。

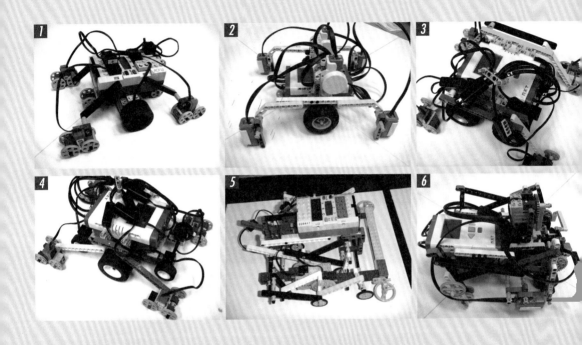

　　在機器人的設計方面，或許很多人會認為教練應該幫了不少忙，甚至認為機器結構很可能都是教練設計。早年的機器人競賽中，這樣的議題總是爭論不休，直到surprise rule出現後，這種聲音才逐漸淡去。

結構設計需由教練和團隊通力合作

　　我認為，機器人競賽的指導教練，最起碼要有相較於學生更好的結構和程式解題能力。解題靠的是一些簡易生活物理現象的認知，和實作經驗的累積，以及對於積木零件材料的熟悉程度，

才會有對於解題的敏感度與反應。但大部分的國小、國中生，要在現有的求學環境與日常生活中累積機構設計的敏感度並不容易，這樣的機會也不多，當然在競賽機構設計上，一開始不容易產生完善或是面面俱到的想法。

因此，對於結構設計，其實不需要一直認為好像都是教練想的，學生只是模仿而已，實際上，參考更優秀的設計絕對是必要的，到了競賽現場，各式各樣的優秀機種都有值得了解之處。生活中不是每件事情都必須從零開始。關於教練的角色，學生和家長不妨就當作是「拜師學藝」，盡量吸收師傅在程式和結構的專長與組裝技術，更重要的是將這些觀摩或是參考而來的技術，加以進化與落實，並應用於生活中，或是在往後的競賽中因此激發更多創意思考。

當然，教練也不是萬能，設計結構總會遇到無法突破的時候，有時教練在結構設計上先起個頭，學生自然可以有個粗略的實體參考。甚至藉由這樣的實體參考過程而有了更多的延伸想法和貢獻。結構設計起頭的角色由教練或是選手來扮演其實都可以，我認為教練和學生應該用團隊的思考力量將機器人的結構設計出來，而非很不切實際的讓孩子自由發揮，或是過度仰賴教練的設計。

一個結構設計要用一年、兩年來研究它也不為過，但畢竟屬於學生的機器人競賽不需要過度深刻比較和剖析每處構造的細節，只是足夠的測試和比較評估仍是絕對免不了的。

我帶領比賽，在訓練上是以選手團體合作的方式進行，每場

賽事至少都要兩到三個月的練習時間。練習初期還是維持一週一次的正常上課，並未集中訓練。一開始先分析題目，教練和學生一起討論解題機構的設計，與此同時要刪除執行任務效能較差的設計方向。此研究進度還必須延續到下一個班級，而下一個班級的選手會再盡力「進化」先前班級的設計。一週下來，所有要參加機器人競賽的班級與選手就有機會將結構設計向前推進，而且是集合眾人之力；另一方面，教練在課餘時間也能夠延續現階段設計加以突破。在每次上課過程中，只要前面的班級或是教練有所突破，都會在新的課程中分析目前突破的成果與尚未克服的瓶頸，將結構設計更趨向完整。

參加機器人競賽，並不是只要有一台好的結構就能拿下好成績，「程式能力、臨場應變、實戰模擬、態度觀念、沉穩內斂、細膩細心的養成」都是缺一不可的訓練過程。

關於結構設計，教練和學生所組成的研發團隊要盡力在一個月內設計出一個「目前尚可」的機種，不然會影響其他訓練內容的進度。至於「結構再進化」的部分，就留待後續的訓練過程再尋找突破的契機。

機器人競賽，比技術更比團隊合作力

大家或許會有疑問：誰會想白白讓別人知道自己的貢獻，尤其孩子有時更會有這種想法。但孩子手上的結構設計也並不全部都是自己的想法，要讓他很清楚的知道，其他學生也是有很大的貢獻。另外，參加機器人競賽，教練和有經驗的選手都很清楚，

「並不是你手上有台厲害的機器，就能贏」。參加機器人競賽當然機器本身的設計不能太差，但還有其他的重要因素會影響比賽結果。訓練過程中，結構研發的基本原則是，要讓選手知道，這台機器多數人都有或多或少的貢獻；也要正確的告知選手，若在「程式、應變、態度、觀念」的建立上不到位，即使有最厲害的機器，落敗的機會還是遠遠大過於過關。

以大約一個月的時間進行團體合作推進結構的設計，在此同時，程式的設計與架構組織也必須開始進行。要改善目前執行任務的瓶頸或是困境，不外乎從結構和程式兩方面著手，在這段期間，程式的開發與設計也必須要有初步的架構。從第二個月開始，除了結構等待適當的時機進化外，選手必須要完全的融會貫通、理解程式，這個過程非常重要。唯有在選手完全理解程式的組織架構和來龍去脈的情形下，他們才有能力現場修改程式，並勝任現場改題surprise rule的挑戰。訓練過程中遇到的瓶頸，總是得想辦法「從結構面突破」或是「從程式克服」。

另外，程式有趣的地方是，相同的設計目標，可以用各種不同的程式邏輯和程式架構來完成。設計程式跟說話很像，十個人形容同一件事就有十種不同的說法，有人可以簡單扼要，有些人可能說一大堆大家還是聽不太懂他的意思。「精簡」在程式設計上是很重要的一環，能用簡單的邏輯完成目標，就不需要用複雜的邏輯來處理；但複雜的邏輯也有可能提高機器完成任務的效能，或是處理難度更高的機械動作。

WRO機器人競賽的規則是兩到三個人就可以組隊參賽，但

這不是意味著可以按照每位選手擅長的項目分配任務，空間感好、手夠靈巧的選手組裝結構，邏輯能力好的寫程式，這樣想是不對的。基本上，在訓練過程中同一隊的選手，無論最後下場競賽時，誰負責組裝結構，誰負責撰寫程式，訓練時都不能只專注在單一的結構或是程式練習上，而是隊中的所有成員都要會結構、都要懂程式。選手在競賽時難免緊張，如果今天結構只有某個人會，程式只有某個人懂，下場比賽時，若是會的人一時迷糊，或是不小心失誤、犯錯，這隊就一定無法順利完成任務。只有在所有隊員對於全部結構和程式都清楚的情況下，某位隊友不小心的錯誤才有機會被其他隊友察覺，進而修正錯誤，也才不至於毀了整個比賽。

與隊友的合作即是一個小型社會運作

我帶領學生參加機器人競賽時，會讓學生自己找隊友，除非有人找不到，才會協助搭配。學生一開始在找隊友的時候，都覺得自己找到了好夥伴，但是在比賽訓練過程中，有些隊伍慢慢就會浮現不少在「生活習慣、溝通、認知、個性」上有所差異而造成的問題，其實這就是生活與職場上的縮影，是一個很好的機會教育。將來在職場中，很有可能會跟合不來的人在同個部門共事，在這樣的情勢下，我們並沒有太多的選擇，還是必須盡力達成使命。

每年的比賽，總是會有隊員因為在比賽練習過程中產生摩擦的例子。這些爭執不外乎是：「我的電腦不喜歡讓別人碰」「他

每次都不讓我改程式」「每次都是我一個人在做」「我認為這個動作設定要用一秒他認為要用兩秒」「我覺得程式不需要再改了他就一直要改」「他每次結構都組錯……」等。這些抱怨不只會發生在孩子身上，在大人的生活中也時常上演。遇到這種狀況，教練必須快速察覺並積極和選手溝通，雖然不一定有用，但還是要做。每年持續參加競賽的選手，在和隊友互動的成熟度上也會有進步，而上述情形較常出現在國小選手身上。

　　隊友之間的爭執，跟孩子的生活習慣、個性、家庭教育都有著極大的關係，而且，孩子在生活中欠缺這樣團隊合作的經驗和機會，因此第一次要那麼緊密的和隊友完成機器人的任務和挑戰時，很多溝通和互動上的處理當然不成熟。我認為在孩子成長過程中，這種合作的經驗非常重要。和隊友產生摩擦，解決之道並不是趕快另找一個好隊友，而是藉由這個機會學習，並試著調整自己。當然不能放棄溝通，而教練也必須適時的介入了解爭執的起因，扮演居中協調的角色，並提供他們解決的方案，鼓勵選手依舊盡力去達成任務，而不是合不來就換人。可以用勉勵自己或提升自己能力的方式，鼓勵選手多承擔，另一方面也要讓配合度低的選手了解自己在團隊中的重要性，必須拿出責任感來分攤隊友的壓力。

　　同隊選手如果溝通上出了問題，兩人對於決策各持己見、僵持不下，在時間允許的狀況下，可以將大家的方式都拿來測試看看，但是對於測試結果，千萬不要抱持著「你看吧！還是我說的對，叫你聽我的都不要！」這樣的心態，而應該大方開心的著重

在我們終於找出一個方案、終於解決一個難題，趕快做下一件事或解決下一個問題吧。

積木機器人競賽，其實是一場解決問題能力的比賽

當選手各執己見、僵持不下時，教練必須教學生給對方一個機會說明，了解對方為何堅持的理由；而說明的人要盡力表達清楚自己基於什麼原因而堅持立場，確定自己確實是經過深思熟慮才做出這樣的判斷，且兩人都要有機會輪流說清楚和解釋自己的判斷和分析。如果發現自己的判斷真的錯誤，也要能夠大方承認。這些都是態度的學習，不要小看這些爭執，有時足以毀掉整場比賽，讓所有的訓練和準備付諸流水。

有些家長會很看不慣孩子跟合不來的隊友相處，我認為家長應該用平常心看待，就算避開了這一次，換了一個新隊友，卻失去了讓孩子學習的機會，這並不是正確的教育方式。孩子不可能一輩子都避開自己不喜歡的，而去選擇跟自己合得來的人相處或共事。我能理解家長怕孩子受委屈的想法，但是當孩子能夠用更成熟的心態看待自己所處的環境，不去逃避，而是想辦法面對或是調適，並在不太順遂，或是對方責任感較低的狀況下，學會自己承擔更多並盡力溝通時，孩子會成長更多。而不是在出社會之後，才很錯愕的發現生活中有很多無法盡如人意的現象。

當然大家都期望自己的隊友很厲害，但隊友太厲害甚至比較強勢時，孩子的決策和執行空間會不會反而被壓縮了？或是因為太有安全感，而使自己心態有些鬆懈，產生「反正我的隊友很厲

害，有他處理就好！」的想法。這對於訓練選手自願承擔的膽識與信心的建立完全沒有幫助，只會讓孩子永遠期望依附在能力強的人之下。若能夠在不是很完美的組隊條件下培養出獨當一面的能力，也是一種收穫。

組隊參加機器人競賽，要在第一次比賽中就有好默契，往往不常見也不容易。在一段時間的訓練後，隊伍中有時會出現一位領頭者，可能因為他的個性比較直接，決策反應比較快，但是決策有沒有出錯，就必須由其他隊友一同檢視，千萬不能有「他說了就算」這樣的想法。機器人競賽的訓練過程中，教練必須激勵隊員，讓每個人都發揮最大的貢獻，以及彼此不斷確認競賽過程中所有的細節。

賽前三個月的訓練時間，進行到一個月或是用掉二分之一的時間後，教練必須帶領選手進入「適應臨場變化題型的改變、團隊默契、選手必須表達、一定要有想法」的訓練階段。在這個階段，可以集中所有要參加競賽的選手一起練習，人多可以增加競爭的氣氛，大家也有機會看見別隊選手的練習狀況、反應跟實際成績。藉由集中練習，孩子就可以發覺自己這隊在所有隊伍中的穩定性如何，是落後還是穩定，並在教練的協助下獲得適當的調整。

此時，教練會開始在公布的基本題型架構下，做各類有可能的變化模擬，這些臨時的改題變化，都會迫使選手必須在原程式與結構上重新做出改變與調整，這樣的練習目的是為了讓選手習慣與適應比賽當天的情況，也能夠加強同隊選手之間意見的討論

以及執行方向的確認，更能夠藉由題型的變化減低長時間一直重複練習同樣題目的枯燥感。

以下為群體競賽練習的情形：

7～9 群體競賽練習實況

10 為身經百戰的戰友，我的元老級學生！回想他們國小時就開始參賽的可愛模樣，如今他們都已經是大學生了！

機器人競賽當天，從進入賽場開始，全程中選手都必須在沒有任何協助的情況下完成競賽，唯一能夠幫忙的只有同隊隊友，因此教練在這階段會更仔細聆聽隊友之間針對問題相互討論的內容，表達是否清楚、關鍵問題是否有討論到；在機器測試的過程中，遇到機器動作有瑕疵的部分要立刻反映，再提出修改方式，一直不斷和隊友重覆確認所有細節。唯有聽得懂隊友的陳述，才能夠有效率的針對問題共同討論及解決。積木機器人競賽，其實也是解決問題的能力競賽！

在競賽訓練中段，開始集中要參賽的所有隊伍，包括國小、國中、高中都一起練習，這時可以很明顯感受到國小選手、國中選手，與高中選手在成熟度和自發性上的差異。

國小選手整體來說比較輕浮、自律性稍弱、責任感需要教練反覆叮嚀，專注度等都需要教練多花

時間去提醒，集中練習能夠讓國小選手觀摩國、高中生較成熟與
穩定的練習方式與態度，也讓國小選手有機會看到國、高中生的
機械結構設計與比賽題型。畢竟不同年級的競賽題目在難易度上
會有差異，讓所有選手了解機器人可以完成各種不同屬性的任
務，這對於學習機器人是一件好事。而且大家在一起練習久了，
不但能增加同隊隊友之間的默契，不同隊的選手也會培養出不錯
的情誼。大家約好要一起晉級，有機會一起出國參加世界大賽，
這種互相激勵的氛圍，在訓練過程中非常重要。幾年下來大家都
成為很好的朋友。

以下為毛毛老師三位很特別的學生，分別從幼稚園及國小階段就開始上積木的操作課程，在2007年的WRO機器人世界大賽時，三人不同隊，但是分別拿下當年世界大賽國小組的前三名。

11 2007年時賴品豪（右三）獲得國小組世界賽第一名。

12 2007年時陳鴻文（右二）獲得國小組世界賽第二名。

13 2007年時潘宣瑋（右二）獲得國小組世界賽第三名。

　　這幾位同學，往後的每年也都積極的參與機器人競賽。2012年時，三人已經是高一、高二學生，各自在不同的高中忙著課業與熱衷的社團活動，但對於機器人競賽的熱忱始終沒有淡去，三人再度組隊，合力拿下馬來西亞舉行的WRO機器人大賽高中組世界冠軍。

14 由右至左分別為毛毛老師、潘宣瑋、陳鴻文、賴品豪。

15 五年後，再次拿下高中組世界冠軍。

　　當競賽練習進行到最後10～15天，就必須完整模擬競賽當天的情形，包括準備器材設備，確認每位隊友工作任務的分配，養成當自己的工作完成時，就立刻積極協助隊友提供支援的習慣。選手所攜帶的設備和器材，都是自己應該打理好的，而不是父母的工作。家長也要讓孩子獨立自發的處理好自己所有的東西，這是孩子自己的比賽，並不是父母去參加比賽。

讓孩子從競賽中了解，犯錯有時不一定能彌補

　　參加競賽的選手，對於機器人競賽的相關規則必須非常清楚，教練也要叮嚀選手確實遵守競賽規定，免得引起不必要的爭

議影響成績。同時也要鼓勵選手，在有疑慮或是有爭議時，勇於客氣禮貌的向裁判詢問和確認，這些都是非常重要的細節！雖然競賽規章中已詳細的說明規則內容，但在競賽過程中，有時難免會有些突發的爭議和狀況，這時選手要勇於了解狀況，並合理的和裁判溝通，爭取正當的權益，這些都是規章中所允許的。但最根本的，還是要要求選手務必謹慎小心，所有隊友不要出現「人為失誤、程式失誤、結構失誤」，才能圓滿完成比賽。

在競賽現場，可以看見各式各樣的機器，從初賽下場開始，選手就可以去觀察場上其他隊伍的實力和機型。無論自己的機器在初賽時是否表現優異，基本上結構的設計都會完全曝光，因此通常到了總決賽的時候，機器人還要再改良、更進化，必須比初賽的效能發揮得更好才能安心。另外，此時也要同時挑戰決賽時的surprise rule。從國內的機器人校際盃到全國初賽，全國決賽，再到世界大賽，每一場賽事都會遇到原題型變化出的surprise rule，而且有時難度會越來越高。參加機器人競賽總是能大開眼界，看見各種令人讚嘆的解題機構。這些不同的設計，都可以帶來不同啟發，累積創意的能量與靈感。

而競賽中的失敗也是一種重要學習，人不可能一直維持在最佳狀態，但是一個心態成熟、自律和自發性強的選手，以長期的參賽過程來看，整體的成績表現都不會太差，這就是一種穩定的表現，相對在激烈的社會競爭中，表現也會比較穩定。

大家都期望競賽是公正、公平的，但在日常生活中也不見得每件事都能被公正、公平的對待。在機器人這種分秒必爭的賽場

上，裁判也難免會有不小心的誤判或失誤，有時在國際賽的賽場上，更能看到地主國優勢，或是一些強悍的民族與國家對於機器失敗總是想再爭取翻身的機會，只不過有時手段會誇張到令人錯愕。所以選手當然要懂得在合理範圍內保護和爭取自己隊伍應有的權利。

　　競賽總是有輸有贏，家長不該應用對升學有沒有幫助來選擇參加與否，也不要因為孩子差一點拿下優秀成績而失望。我的孩子從小學三年級開始參加機器人大賽，我還記得他第一次參賽時，在賽場旁看著他和隊友相互合作、沒有爭吵、盡力完成比賽的感動。另外，他粗心的毛病也慢慢在一次次的比賽中獲得改善。他更藉由玩機器人和參加比賽，學會了必須盡力避免失誤或犯錯的道理。而且，他每年跟隊友都相處得很融洽。這些收穫對我和他來說，真的比拿獎重要。

　　毛毛老師已經連續九年取得代表中華民國出賽的資格，每年都有機會和各級別的選手一起上台領獎。在自己孩子參賽的第三年，終於有機會和他一起站上台領獎，並且一起參加2013在印尼舉行的機器人世界大賽。這些經驗和歷練都有助於孩子的成長，我也相信他會將參加機器人競賽的態度運用在未來的生活中。

　　16 **17** 校際盃競賽
　　18 **19** 全國總決賽競賽
　　20 **21** 世界賽競賽

積木上的教養課：**毛毛老師這樣說**

　　在比賽訓練過程中，有些參賽隊伍慢慢會浮現因「生活習慣、溝通、認知、個性」有所差異而引發的問題，其實這就是生活與職場上的縮影，也是很好的機會教育。

Lesson 17

模仿也是一種學習：
電子積木機器人競賽2

開始玩積木一段時間後，想要越來越得心應手，除了養成多觀察生活中物體的習慣，建立腦海中的影像資料庫、多動手實作，增加對零件的熟悉度和使用經驗，「模仿」也是增強功力的途徑。無論堆砌靜態或是動態積木，都有不同技巧或手法可以學習，網路上也有很多積木高手會公開分享自己製作的作品，這些圖片資料都是我們可以模仿、學習的資源。

比如每年的機器人競賽，早年網路影片傳播還不普遍時，非得等到競賽現場，大家才有機會看到別人的設計。一場初賽下來，高分的機器設計總是成為眾人競相模仿、改良的對象，因此到了總決賽，必須想辦法改良初賽的設計，甚至重新設計，免得對手迎頭趕上。這種模仿絕對是必然的，也無法避免。

對手通常在模仿過程，也會絞盡腦汁想要以模仿的設計為基礎，再加以改良和突破。如果只是模仿原樣，頂多只是和對手不分上下，甚至還會輸人一截，也因為在模仿過程中，必須探究各項設計的原由始末，因此原創理論上還是掌握了較多優勢。若僅止於模仿，當然無法與原創抗衡，所以模仿要複製舊有經驗，並以既有成就再尋求突破，才有可能勝出。如果原創設計在改良過程中遇到無法突破的瓶頸，也有可能推翻原創設計與概念，從全新的設計觀點出發，重新開始。

開發原創能力與仿製、改良、進化同等重要

近年網路影片逐漸普遍後，當每年機器人競賽題目一公開後，世界各地都有人會將自己解題的設計和成果放在網路上讓大

家參考，甚至某些國家的國內選拔賽，還會將競賽相關影片公開在網路上。這些都值得參考，但絕對不會有人從頭到尾仿製後拿去參加比賽，因為勝算絕對不大。更何況真正厲害的設計，不到最後是不會輕易曝光的。

　　以WRO的機器人競賽為例，每年三月公布題目後，就能在網路影片上看到不少任務解題的機器設計，可以用來作為基本的參考和設計方向評估。但由於這些已公開的設計大家都能掌握，重新從完全不同的方向研發有時也有其必要性，所以年底的機器人世界大賽，參賽的機器設計，幾乎都是非常成熟、優秀的「進化結果」，而效能不好、穩定性欠佳的設計也會被逐一淘汰。

　　由上述例子可知，在積木操作的學習上，模仿並沒有不好，不需要特別忌諱，老師的設計當然也能成為學生模仿的對象。但在教學過程中，模仿絕對不是讓學生抄襲，而是分析局部架構的模仿，並保留學生推進設計想法的空間，待學生也有自己的想法後，再對照老師原創的完整架構，測試後比較效能優劣。有時學生的創新思維也能推翻老師的設計架構，而有時學生在延伸設計上有缺陷或瓶頸，也會需要老師提供更多原創設計的架構以供分析、模仿和參考。重要的是，學生在累積模仿的經驗後，是否能夠在日後的開發和設計上，逐步增加原創構想的分量與比重。

　　我們不需要為了避免模仿之嫌，而眼巴巴看著更好的設計，卻不參考、不去學習，固守在自己較落後的原創作品上，使自己失去競爭力。我認為「有能力開發原創」以及「有能力仿製、改良與進化」，在玩機器人時有著同等的重要性。

以下介紹幾個毛毛老師喜歡的網站，從中可以獲得不少創作靈感，並學到許多不同的機構動態表現手法：

一、世界知名模型品牌的官方網站。此品牌的「機械工藝類」以及「遙控車」兩項組裝產品網站，有不少機構的相關圖構資料。

· http://www.tamiya.com/japan/robocon/index.htm 機械類趣味勞作產品。

· http://www.tamiya.com/japan/rc/index.html 遙控車類產品。

二、在YouTube上搜尋Technic。可以找到非常多來自世界各地，喜愛積木、機械的組裝創意。

三、在YouTube上搜尋 Mindstorms。可看到非常多來自世界各地，喜愛積木機器人（自動控制）的組裝創意。

 積木上的教養課：**毛毛老師這樣說**

我們不需要為了避免模仿之嫌，而眼巴巴看著別人展示更好的設計，卻不參考、不去學習，固守在自己較落後的原創作品上，使自己失去競爭力。我認為「有能力開發原創」以及「有能力仿製改良與進化」，在玩機器人時有著同等的重要性。

Lesson 18

這樣帶孩子玩積木，孩子學更多

相較於其他才藝課程或是補習項目，積木操作課程的師資在教育培訓與養成上並不容易。一般才藝課程像是美術、音樂、舞蹈，乃至於語文、數理等，在師資挑選上都有相對應科系可供選擇，但是積木操作課程在教學執行過程中所涵蓋的領域和個人特質相當廣泛，不容易單以特定的科系來規範。

　　另外，積木的操作課程需要大量的設備和材料，然而這些設備和材料對學生都具有很大的吸引力，如何讓學生學得有創意、又能專注聆聽老師的說明，不會分神想要亂動這些材料和零件，但又不給學生太大的限制，以免影響創意的表現，這些考量都會增加教學執行上的挑戰與難度。

　　前文中也曾經提到，縱使是同年齡層的學生，在積木操作課程中的學習差異也會相當明顯，無論是老師的教學過程，或是學生的學習過程，都是雙方互相影響所反映出來的表現，因此積木操作的講師在挑選和培訓上並不容易。原則上，建議家長可從下列幾方面觀察老師的教學方式是否適合你的孩子：

一、擁有豐富的操作經驗、製作能力與造型創意

　　無論是小朋友或是國、高中生的操作課程，老師每堂課都必須靈活快速的動手示範，因此老師的操作能力絕對是必要條件之一。現在的孩子普遍欠缺耐性，如果老師的操作示範不夠靈活快速，學生就容易不耐煩或是分心，甚至有時會質疑老師好像連自己都不太會，也會影響家長對於老師專業度的信賴。另外，老師並不是只要手夠靈巧就行了，還必須具備創意設計的基礎，才能

在上課過程中，當學生沒有任何想法時，快速給予不同的創意分享與提示，並搭配操作示範。所以，有操作經驗，或是對操作有高度的興趣，較能勝任操作課程的老師。

二、快速的反應和應變能力

　　任何一種課程中，學生除了學習課程的相關知識外，其常規與生活教育以及正確的學習態度等，都是老師必須注意的。由於操作課程必須提供自由的創作氛圍，所以有時會有一些規矩較差的學生影響老師教學，或妨礙其他學生學習。遇到這種情況時，老師必須適當的做出反應，讓課程順利進行；學生在操作過程中，由於欠缺相關生活經驗，導致作品有瑕疵或不合理時，老師是否能快速的建議或提醒學生改善，也有賴於老師快速的觀察與反應。其他像是零件的充足供給、學生的情緒、適度協助進度落後者等，都需要迅速做出回應與處理。這些教學過程中的突發狀況和學生的提問，老師都要正視，不能敷衍或是冷處理，更不能視而不見，才能讓所有學生都能達成課堂上的基礎學習目標。

三、與不同年齡層學生溝通和表達的能力

　　學生在積木操作課堂上要對「積木製作和原理的理解」這兩方面的學習有所收穫，都必須靠老師有效率的溝通和表達。比如老師要學生製作一樣結構，可引導的方法不外乎「形容給學生聽、畫圖給學生看、操作示範讓學生參考」，這三種型態的教學方式，在操作課程中必須靈活應用。一般來說，複雜度較低的結

構，通常可以透過形容和說明來傳遞訊息；若需要更具體講解的機械構造，可以用筆畫出來；而更複雜的構造設計，則可以直接操作示範。老師的表達和溝通必須很有效率，簡單扼要快速的將訊息傳遞給學生，讓學生可以快速理解然後進行操作。

操作課程的老師，對於幼稚園的小朋友而言，應該是很親切、很會玩積木的大哥哥、大姐姐，利用引導的方式在玩樂中帶領著小朋友累積操作的經驗和技巧，並讓小朋友喜歡操作，誘導小朋友說出製作的想法，以及為何要這樣設計。老師的說話內容有故事性、誇大的鼓勵和讚賞、激發小朋友參與合作的技巧、適度的肢體語言、有趣生活化的舉例，都是幼兒積木操作老師要具備的條件和能力。

面對中、低年級的學童，要激發或是創造學生主動思考的機會、並且鼓勵他們運用創意，用淺顯易懂的方式或舉例，解說清楚操作課程中一些關於生活科技的應用，並且適時加入一些趣味性讓學生理解，這些都需要具備很好的表達能力；在高年級的機器人課程中，老師則必須更有條理的分析結構，說明與解釋程式架構，並以整合式的分析能力帶領學生分析探索各類可行方案、刺激思考，並且能夠提出結構或是程式的假設性，引導學生進行預測。

四、和家長溝通的能力

一堂課不僅僅是要將孩子學些什麼、老師教了什麼與家長分享，更應該將學生在上課學習過程中所表現出的個人特質告訴家

長，這都是積木操作課程老師的職責。針對學生表現略微落後的部分，要給予家長適當的建議與改善的方式。很多家長忙於工作，不一定有機會察覺孩子的優勢，有時當老師將學生的好表現與家長分享時，家長十分驚訝，以為每個孩子應該都是如此；或是當老師告訴家長，孩子有些待加強的學習表現時，家長沒有即時發現，可能是因為現在的社會通常都是小家庭，家長不像老師有機會可以接觸到許多年齡相近的孩子，區分出孩子的優弱勢表現。這些訊息都必須仰賴老師在課後和家長分享，而非只是在課堂上完成積木操作而已。

五、在白板上繪製立體構圖的能力

在積木操作課程中，對於每堂課所要製作的積木作品，老師應該繪製簡單的立體構圖讓學生參考，這和看圖組裝有很大的差異。組裝步驟流程圖通常都非常清楚，學生只要觀察力不是太弱，基本上都能照著組裝。但如果是觀察老師在白板上繪製的立體簡圖，學生就必須投入更多的判斷，當然收穫也會更多。

以下為老師課堂上的繪圖範例：

1 製作低音鼓槌

2 製作有避震器的車子

3 製作各類攪拌機

4 製作四足步行動物

5 製作F1賽車

6 製作雙螺旋槳飛機

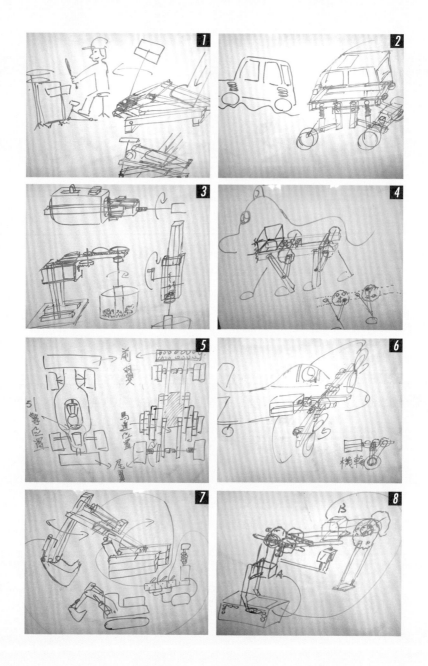

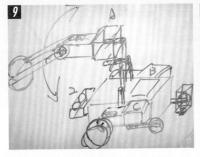 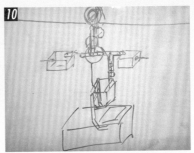

7 製作挖土機的手臂

8 製作遊樂設施

9 製作不會掉下桌子的攻擊車

10 製作空中纜車

　　老師在白板上繪製立體結構草圖的優點是：學生可以有個基本的製作方向，不會不清楚該從何下手。但也因為手繪圖較不具體，增加了學生主動判斷的比重，讓大家都能完成目標方向一致的作品；此外學生使用的零件差異，也讓學生多了彼此比較作品效能的機會。

老師這樣教，孩子有自信

　　在積木操作課程中，孩子最大的收穫就是有了發想的機會。除了在使用零件時會很自然的思考要用何種零件、什麼顏色、怎麼安裝比較好看外，老師也可以在學生組裝結構的過程中提問，增加學生思考機會。但是由於每位學生觀察與判斷能力的差異，對於積木結構性問題解答的反應與速度也會不同，老師針對這些

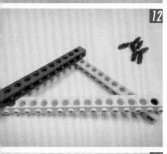

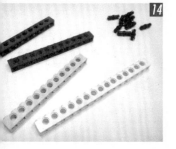

提問，要適度給予不同程度的提示，但要始終保持不直接公布答案的原則。在提問過程中，老師也能夠透過學生的回應，了解學生理解的程度。

例如三邊形的結構因為非常堅固，在生活中應用很廣泛，如橋樑、高壓電塔或建築上都可以看到這樣的構造設計。

11 可以請學生利用指定的積木零件（只能使用圖中左側的長短橫桿類零件，和右側的黑色連接器零件，兩種零件都一定要用上，不限數量）製作出一個三邊形，並介紹這個結構的特性。

12 在老師不給任何提示的狀況下，多數學生甚至全部學生都會做出圖中的錯誤結構。老師解釋結構性的錯誤為何，給予學生思考的時間和機會尋求解決之道後，有些學生會拆原結構來解題、有些學生沒有想法、有些學生開始增加零件，若一段時間後仍沒有任何進展，老師有必要給予學生適度的提示。多數學生在解題時都會做出這樣的三邊形，但這樣的三邊形是不正確、不合理的，因為這樣會造成三邊形的其中一邊一高一低（請見圖中白色橫桿）。

13 這三根橫桿有一根貼緊在桌面的第一層（黃色橫桿），其餘兩根（白色和藍色橫桿）都是在黃色橫桿上方的第二層結構 （將藍色和白色

的頂端拆解開後，可以明顯看出藍白橫桿在黃色橫桿的上層），因此同在第二層的橫桿是不能相接合的，若硬是接合就會造成其中一邊歪斜，這個結構性的問題要如何改善呢？

提示一：

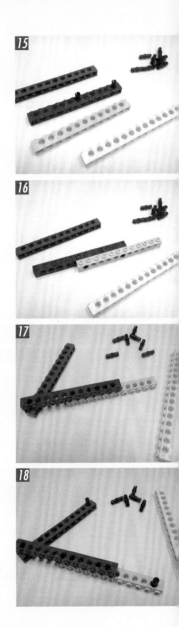

14 用四根橫桿組三邊形。

提示二：

15 16 先用其中的兩根橫桿合併加長固定成一根。隨便挑選其中一根（圖中紅色）橫桿，在孔洞中插入兩個連接器，再和另一根橫桿扣在一起（圖中黃色），使用兩個連接器扣住兩根橫桿，將橫桿延長，可以讓此兩根橫桿固定為一根，就成為合理三邊形結構的其中一邊。

提示三：

17 示範第三根（藍色）橫桿的放法。

18 此時藍色橫桿就可以躲到紅色橫桿下方。形成三邊形的第二邊，而且到目前為止，紅黃藍三根橫桿都平行於桌面。

18 19 最後在藍黃橫桿末端各打上一個連接器。為合理三邊形積木組裝的最後程序，四根橫桿都平行於桌面，沒有任何歪斜的情形。其中兩根（黃藍）在下層，剩下兩根（紅白）在上層，組裝積木在使用一般零件，不考慮特殊零件使用的情形

下，是不可能有任何歪斜的情況。圖中最後的合理結構，還必須包含四根橫桿的凸豆是否都同時向外或是同時向內。雖然只是幾個少少的零件，但要注意的合理性和組裝的基本原則，能在堆砌小結構時養成注意堆砌合理性的習慣，爾後製作難度和挑戰性較高的作品時，才會將合理性的觀念融入其中，這是疊積木非常重要的基本原則。

積木操作課程中老師的提問，以及老師在教學過程中適度的提示，可以刺激學生的思考、良性競爭及學生對課程的投入；老師更能夠利用逐步透露線索的過程，發現哪些學生有很好的觀察解題能力。當然也可以在不斷的提示後，將呼之欲出的答案指定讓觀察力較弱的學生回答，增加學生的自信心。

積木上的教養課：**毛毛老師這樣說**

老師在積木操作課程中的提問，可以刺激學生的思考，更能提供良性競爭及對課程的投入程度；也可以在不斷的提示後，將呼之欲出的答案指定讓觀察力較弱的學生回答，增加學生的自信心。

一堂課不僅僅是要將孩子學些什麼、老師教了什麼與家長分享，更應該將學生在上課學習過程中所表現出的個人特質告訴家長，這都是積木操作課程老師的職責。

圓神出版事業機構 The Eurasian Publishing Group
用心與你創新·視野無限寬廣

如何出版社 Solutions Publishing

http://www.booklife.com.tw

inquiries@mail.eurasian.com.tw

Happy Learning　137

越疊越成材——積木專家毛毛老師教孩子堆出思考力、玩出好態度

作　　者／毛毛老師（尤信勝）
文字協力／施舜文
發 行 人／簡志忠
出 版 者／如何出版社有限公司
地　　址／台北市南京東路四段50號6樓之1
電　　話／（02）2579-6600 · 2579-8800 · 2570-3939
傳　　真／（02）2579-0338 · 2577-3220 · 2570-3636
郵撥帳號／ 19423086　如何出版社有限公司
總 編 輯／陳秋月
主　　編／林欣儀
專案企劃／賴真真
責任編輯／尉遲佩文
美術編輯／劉鳳剛
行銷企畫／吳幸芳 · 林心涵
印務統籌／林永潔
監　　印／高榮祥
校　　對／尉遲佩文
排　　版／杜易蓉
經 銷 商／叩應有限公司
法律顧問／圓神出版事業機構法律顧問　蕭雄淋律師
印　　刷／龍岡數位文化股份有限公司
2014年7月　初版

定價 340 元　　　　ISBN 978-986-136-395-0

幼兒時期玩積木，可以促進孩子手眼協調、創意無窮；
小學時期玩積木，更能加強溝通力、思考力和毅力！
與其期望孩子有成就，不如教他從動手中，學會你最想教他的事！
　　　　　　　　　　　　　　　　　　──《越疊越成材》

想擁有圓神、方智、先覺、究竟、如何、寂寞的閱讀魔力：

◪ 請至鄰近各大書店洽詢選購。

◪ 圓神書活網，24小時訂購服務

　　免費加入會員‧享有優惠折扣：www.booklife.com.tw

◪ 郵政劃撥訂購：

　　服務專線：02-25798800　讀者服務部

　　郵撥帳號及戶名：19423086　　如何出版社有限公司

國家圖書館出版品預行編目資料

越疊越成材：積木專家毛毛老師教孩子堆出思考力、玩
出好態度／尤信勝著. -- 初版. -- 臺北市：如何, 2014.07
224面 ; 16.5×21公分. -- （Happy learning ; 137）
ISBN 978-986-136-395-0（平裝）

1. 教具　2. 創造思考教學　3. 學前教育

523.24　　　　　　　　　　　　　　　103009681